Scritti di ARDUINO ROSSI

Raccolta di articoli del 2023 parte decima.

In copertina acrilico su tela di Arduino Rossi

Presentazione

La pace è sempre più lontana e la paura cresce, chiedo scusa per il mio pessimismo, ma purtroppo i timori sono tanti e non si capisce dove finisce il gioco sporco dei leccaculi e degli speculatori e inizia l'imbecillità di chi crede di poter prendere il diavolo per le corna.

In questi miei pezzi, in questi miei articoli, trattano di una situazione drammatica, perché gestita molto male dalla classe politica, espressione di un ceto medio zeppo di luoghi comuni, banalità e ospitalità, ma solo per i lavori di basso livello, in quell'atteggiamento tipico di gente che non si sporca mai le mani, per lavorare e considera con disprezzo chi si abbassa a lavorare, accettando tutto, per campare e mantenere la famiglia.

Ora l'intelligenza Artificiale sta rubando lavori ogni settore e sarà sempre più difficile avere un futuro per chi non si adatterà e si impegnerà, studiando, usando razionalità e capacità particolari, ovvero saprà cavalcare la belva, l'IA.

Articoli dal 01.10.2023 al 31.10.2023

1.10.2023   Seguiamo i soldi per trovare i farabutti.

2.10.2023   Il potere per il potere.

3.10.2023   Il medioevo degli ospitali dei migranti.

4.10.2023 La magistratura politicizzata e le ipocrisie solite.

5.10.2023 Loro accolgono e noi paghiamo.

6.10.2023 Il manganello è lecito solo se colpisce gli avversari.

7.10.2023 Tutti in piazza.

8.10.2023 Le guerre si riaccendono e gli equilibri mondiali saltano.

9.10.2023 La guerra in Israele ci riguarda.

10.10.2023 Perché i magistrati possono essere al di sopra della legge?

11.10.2023 L'Occidente sta crollando sotto il peso delle sue assurdità?

12.10.2023 Siamo in guerra contro i cretini.

13.10.2023 La politica dei corrotti e dei venduti.

14.10.2023 La crudeltà e la ferocia sposano l'imbecillità.

15.10.2023 Gli islamisti alzano la testa da noi.

16.10.2023 I terroristi islamici colpiscono e noi li accogliamo.

17.10.2023 La guerra santa islamica e le sue ambiguità.

18.10.2023 Saremo costretti a difenderci da soli?

19.10.2023 Il popolo della sinistra e i sindacati, con le

associazioni clientelari.

20.10.2023   I tagliagole sono a migliaia tra noi.

21.10.2023   Quante pulizie etniche avremo in futuro?

22.10.2023 È sempre colpa nostra.

23.10.2023 Lavoro e futuro, cosa ci attende.

24.10.2023 Lavoro e futuro, cosa ci attende.

25.10.2023 La cosca europea ci vuole togliere il Natale.

26.10.2023 La sicurezza è sempre più un ricordo.

27.10.2023   Israele, Hamas e la guerra a Gaza, la questione
complessa.

28.10.2023 L'Occidente è decadente e si sta uccidendo.

29.10.2023   Guerra e pace.

30.10.2023   Io ho un dubbio atroce.

31.10.2023   Perché non possiamo sapere cosa sta dietro
all'invasione?

Seguiamo i soldi per trovare i farabutti.

Come i migranti riescono a pagarsi avvocati, se sono molto poveri?
Chi paga gli avvocati dei mafiosi?
Chi sostiene giornalisti e stampa se sono sempre in perdita?
Poi oso tanto.
Chi finanzia il lusso di certi funzionari pubblici e di certi magistrati?
I soldi lasciano tracce vistose e spesso non solo sui conti correnti, ma anche nello stile di vita, nel lusso spesso mostrato in modo esplicito.
Quindi controllando chi paga avvocati, funzionari e anche sindacalisti, come insegna lo scandalo dei soldi del Qatar, ma anche giornalisti, che ufficialmente farebbero la fame, con i signori magistrati intoccabili, troveremmo tanto, tantissimo e ripuliremo questo povera Italia.
Perché non lo si fa?
Il marcio è tanto ed evidente e basterebbe una volontà popolare adatta, ma dietro ai corrotti abbiamo chi batte le mani ai delinquenti, che leggono le idiozie sul giornale, con tante stupidaggini evidenti.
Non è solo stupidità esplicita, con lo scemo del paese che scende in piazza con le bandierine per festeggiare tutti i poteri del momento.
Abbiamo chi mangia stando alle spalle del carro dei vincitori, applicando il detto popolare: "Francia o Spagna, l'importante che se magna."

01.10.2023

Il potere per il potere.

Loro seguono le posizioni storiche del momento e sono le puttane dei tanti poteri costituiti, detti anche prostituiti.
Oggi si discute per una pesca in pubblicità e a volere questa confusione, contro la famiglia tradizionale, abbiamo questa sinistra sinistrata, che lotta per mantenere il potere a tutti i costi, ma non sa che la storia è già più avanti e continua la sua corsa.
Loro stanno con le posizioni della sinistra progressista statunitense, quella che sta distruggendo l'impero a stelle e strisce per i debiti che provoca alla spesa pubblica.
In Afghanistan si sono ritirati per mancanza di fondi, sicuramente pure in Ucraina si ritireranno, mentre i fronti anti Nato crescono, nel Kosovo e in Cina, a Formosa per esempio.
Gli imperi crollano quando non hanno più risorse economiche, quello romano non aveva soldi, anzi oro nelle monete, sempre più svalutate, per pagare i legionari, che spesso erano di origine barbara.

Gli spagnoli dovettero mettere limiti al loro impero perché le guerre costavano troppo e i debiti li uccidevano.

L'impero sovietico non aveva soldi per acquistare frumento e vide crollare tutto con un accenno di carestia.

Oggi, prima o poi, gli statunitensi, che si sono allargati dopo il crollo dell'impero sovietico, rischiano di fallire per i debiti e devono ridurre le spese per gli armamenti.

Noi invece abbiamo una sinistra ridicola che sta con gli statunitensi, dopo aver perso i sovietici lungo la strada, stanno per la guerra in Ucraina, unico punto in comune con la destra, sono contro la famiglia tradizionale perché........

Non si capisce bene perché, ma forse sognano un mondo di sbandati, di impestati, il sesso libero porta al crescere delle malattie veneree, alcune pure gravi e alla fine pure mortali.

Non voglio fare il moralista, ma dietro ad ogni proibizione morale c'è una norma igienica da rispettare, pochi lo sanno, infatti le norme religiose contro il sesso, con prostitute ed altro, crebbero con il sopraggiungere della Sifilide, nel Cinquecento, con i danni terribili che allora portò questa malattia.

Ora la sinistra vuole tutto uguale, anzi vuole che le famiglie arcobaleno abbiano gli stessi diritti per generare figli, che poi gli strapperanno, senza rispetto verso la mamma partoriente e i piccoli.

Ovvero concedono che li comprino da qualche disperata e la trasformino in una macchina per generare.

Il danno immenso verso la donna oggetto, verso i nascituri, rubati in questo modo, lo sanno molto bene gli psichiatri, che poi dovranno curare le conseguenze in futuro.

Tutto questo è giusto?

Sì, se uno paga ha ragione ed ecco la logica dominante oggi, chi ha i soldi ha sempre ragione e chi non li ha è nel torto.

La sinistra non solo si è venduta, ma oggi difende privilegi schifosi, logiche di caste e interessi sporchi.

Ha ribaltato le sue posizioni molte volte nella sua storia,

passando da Stalin, che mandava i froci a raffreddarsi le chiappe in Siberia, così dicevano i comunisti un tempo, ridacchiando, al diritto di chi trasforma le donne povere in macchine per produrre bambini.

Che posizione prenderanno in futuro?

Sono già per il burkino e quindi indirettamente per il burqa, con tutte le violenze fisiche e mentali, con le schiavitù che subiscono le donne.

Non erano per la lotta per i diritti delle donne?

Sì, anche per gli asini volanti e per gli imbecilli che credono nelle loro minchiate, sparate sulla stampa detta progressista.

Loro amano il potere e si adattano ai cambiamenti, amano solo le poltrone comode e guai a farli alzare, o organizzano qualche sciopero con la CGIL.

2.10.2023

Il medioevo degli ospitali dei migranti.

Perché gli accoglienti guadagnano sempre soldi e non ne spendono mai?
Sì, un tempo si diceva: "Armiamoci e partite."
Ovvero andiamo alla guerra e voi combattete, in questo caso noi paghiamo.
Oltre ai misteri dei soldi, troppi soldi, in parte scovati, attraverso i finanziamenti tedeschi, ci sono troppi misteri evidenti.
Chi paga per avere spacciatori nelle strade sono i mafiosi, ma non si trovano mai rapporti tra costoro e le ONG.
Altro mistero, che ha una facile spiegazione, sta nei guadagni che i nuovi schiavisti ottengono con il caporalato, evitando investimenti nelle macchine agricole a Sud, in automatizzazione in realtà industriali in tutta Italia.
Non è solo per il costo degli investimenti che si evitano, ma abbiamo la paura del nuovo che avanza, che troppi padroni, non li chiamo imprenditori, temono più del diavolo.
L'Italia è un Paese antiquato, con caste e sottocaste, con gruppi di potere clientelari consolidati nei decenni e come al tempo della scoperta della polvere da sparo, temono la caduta delle loro fortezze per merito delle nuove armi, che faranno crollare le mura.
I progressisti sono spesso, se non sempre, degli antiquati e privilegiati che sognano, per figli e nipotini, un posto comodo, un futuro senza fatica e quindi il medioevo islamico lo preferiscono alle nuove tecnologie, che li spazzerebbero via come vecchi signorotti, che si arroccano nei loro castelli, ma

che non avranno ugualmente un avvenire.

Mi dispiace per loro, ma la storia va avanti e i loro atteggiamenti altezzosi e patetici non li salveranno, qualcuno si è messo in preghiera con gli islamisti, le femministe hanno indossato, in segno di solidarietà, il burkino.

Infine loro portano a casa utili, tanti, dalle cooperative per i migranti, con il riciclaggio del denaro sporco, delle cosche in affari con gli accoglienti.

Poi questi soldi sono utilizzati come armi contro di noi, dalla concorrenza tedesca e perché no, da una chiesa che teme la libertà delle coscienze come un tempo si temevano i peccati.

Infine abbiamo il mondo dei vizi, esiste un rapporto stretto tra certe tendenze sessuali, secondo alcuni studi e il consumo della cocaina, sempre più diffusa in certe realtà decadenti delle nostre città, tra un ceto che da ricco Borghese sta scivolando verso la miseria nera, per le scelte sciagurate di chi si sente superiore dopo una sniffata.

Sì, la sinistra si fa e va a fan ....

Sì, il sistema corrotto è antiquato, è formato da caste fuori dalla storia, sfruttano queste folle di disperati, violenti e feroci, per fermare il futuro, per ingrassare con certi guadagni, da vecchi negrieri, ma tutto finirà per loro.

Il mondo va avanti e le tecnologie, nonostante l'utilizzo di leggi antiquate, di medievali signorotti dentro la magistratura per esempio, faranno saltare le loro fortezze.

Le mura dei loro castelli crolleranno e di loro si occuperà solo la storia, con le masse anacronistiche provenienti dall'Africa che là torneranno, con le buone o con le cattive.

03.10.2023

La magistratura politicizzata e le ipocrisie solite.

Come mai questa magistratura è tutta a sinistra?
Facciamo un passo indietro e ricordiamoci i decenni in cui la magistratura era tutta democristiana e di centro, perché il potere era quello.
Erano gli anni degli insabbiamenti, dove tutti vedevano la corruzione e nessun giudici la perseguitava.
Poi il potere mutò e la sinistra tardo comunista e socialista entrò nei meandri del potere, nei palazzi, quindi la logica che io definisco da compromesso storico, quello proposto da Enrico Berlinguer, trionfò.
In pratica le due forze politiche, che da decenni si scontrano, alla fine trovarono accordi sottobanco per gestire il potere.
Tutto andò avanti sino a Mani Pulite, quando la vecchia classe politica fu rimescolata e nacque la nuova situazione.
Però la classe politica nei palazzi, democristiana, socialista, comunista ed altro, si ricompattò nei partiti di sinistra, che mutarono spesso nome, diventando PDS, poi DS, Ulivo, PD.
Si può affermare che attorno a queste formazioni, che oggi rappresentano a fatica il 20% degli elettori, ci sia tutto il passato politico del Paese, della Prima Repubblica, escludendo la destra con il Movimento Sociale e qualche elemento dell'estrema sinistra.
In conseguenza 78 anni di Dopoguerra, con intrallazzi, favoritismi, concorsi truccati e tante, tante raccomandazioni, ci

hanno donato questa magistratura che ci dà lezioni di giurisprudenza, che noi, miseri mortali, non possiamo comprendere.

Noi vediamo una logica partitocratica che difende i posti acquisiti, rubati, truffati, loro invece si appellano........ alla difesa dei loro posti, ma parlano di legalità misteriosa.

Se crollasse il sistema dovrebbero andare a lavorare?

Non aggiungo altro o mi accusano di vilipendio nei confronti della magistratura, della sacra magistratura.

04.10.2023

Loro accolgono e noi paghiamo.

Più ne arrivano e peggio sarà per tutti, anche per chi è giunto in passato.

Infatti gli accoglienti, tanto buoni con sguardi dolci al cielo, sono sempre, o quasi, tra coloro che ci guadagnano.

Guadagnano i farabutti che hanno tante prostitute e prostituti sottocosto in più, che devono pagare i servi sempre meno, dopo essersi lamentati che gli italiani certi lavori, per 2 o 3 Euro all'ora, non li vogliono più fare.

Guadagnano chi fa la cresta dentro le cooperative rosse o bianche, sui soldi pubblici che vengono tolti dai servizi sociali.

Infatti per accogliere costoro, che è un dovere morale per buonisti e i clericali, chi vive con la pensione minima non si può permettere una visita medica specialistica e il ricovero, per togliersi il tumore, lo avrà quando sicuramente il cancro lo avrà ucciso.

Sì, mentre L'Unione Europea ci minaccia con il debito pubblico e solo grazie ai risparmiatori italiani, che acquistano i bot e i cct ancora, questa minaccia, che ci ucciderebbe, perde in parte la sua forza, noi dobbiamo tagliare fondi alla sanità.

Intanto i truffatori del Reddito di Cittadinanza e del rimborso edilizio al 110% contano felici i soldi rubati ai contribuenti italiani in qualche paradiso fiscale.

La CGIL mostra i muscoli oggi, per rompere, per far tornare al potere gli amici dei ladri e dei truffatori, degli accoglienti, ma se la sinistra tornasse al potere oggi in pochi anni il Paese crollerebbe, per le politiche sociali sciagurate.

Sì, l'accoglienza rende ricchi certi personaggi, con l'appoggio di parte dell'apparato, ma il futuro alternativo alle espulsioni, non esiste.

Dobbiamo riprenderci questo povero Paese tra le nostre mani e colpire chi favorisce, in modo palese, la sua dissoluzione, perché non saprebbero cosa fare in realtà sensate, dove loro dovrebbero tornare a svolgere i lavori a loro predisposti, per impegno e volontà dimostrata.

I magistrati, geni incompresi di un sistema anacronistico, barocco se non medioevale, potrebbero svolgere il lavoro di passacarte.

I delinquenti potrebbero lavorare e pagarsi le spese per la carcerazione.

Sì, il nostro bel Paese potrebbe tornare a funzionare ed a essere ancora una piccola potenza economica, politica, al centro del Mediterraneo.

5.10.2023

Il manganello è lecito solo se colpisce gli avversari.

Il manganello è lecito solo se colpisce gli avversari.
Non esiste chi e cosa colpire, ma solo se uno è politicamente corretto oppure no.
Ora colpire, con lo sfollagente gli oppositori al governo, che vanno all'assalto e sono pronti ad impedire una manifestazione governativa è antidemocratico, se invece si colpisce chi non è politicamente corretto, chi non la pensa come la cricca detta democratica, a parole, è lecito.
Quanti hanno ricevuto le manganellate nel passato?
Erano di destra o di sinistra, ma se le meritavano perché non la pensavano come loro, gli scemi che stanno con il potere, si fanno gli spinelli e sono accoglienti, specialmente con gli spacciatori magrebini.
Quindi la legalità e l'illegalità seguono sempre una logica precisa, o una non logica, se sono contro il potere costituito, dove loro comandano, con i loro vizi, le loro schifezze, con tutte le loro tendenze sessuali.
Le manganellate fanno bene sulle teste degli avversari, mentre se sono contro di loro, al di là dell'atto, del disturbo alla quiete pubblica, dell'azione compiuta, è un crimine.
Non è ciò che si fa, ma chi lo fa e perché lo fa.
In Italia, al tempo del compromesso storico, molti crimini furono commessi dai funzionari pubblici, molti abusi di potere, oltre a truffe e azioni illegali, con corruzione al seguito, ma era tutto lecito, perché il fine giustificava i mezzi.
Quale era il fine?
Era il potere in mano loro, aggregati alla sinistra storica, con i posti ben distribuiti, con l'alone di geni, ma solo per vincere i concorsi super difficili, che solo loro vincevano, ma nella realtà lottavano con le calcolatrici.
Quindi se un magistrato donna scende in piazza ed esprime la

sua ideologia, partecipa alla manifestazione violenta della sinistra, dove ci sono i reati di insulto alle forze dell'ordine, resistenza a pubblico ufficiale ed altro, è giusto e corretto.

Il fatto più grave sta nella registrazione e chi ha filmato tutto questo, chi ha osato filmare lei, nell'esercizio delle sue funzioni di dipendente pubblica in carriera.

Chi sarà che ha osato tanto?

La polizia avrà filmato e lo fa da decenni, da quando si può tecnicamente filmare, questi filmati poi sono entrati come prove nei processi penali, ma anche sono esibiti come prove storiche di momenti difficili degli anni caldi.

Solo in questo caso si viola la privacy e non negli altri casi?

Questi sono i grandi misteri del giornalismo e delle sparate delle associazioni a difesa della magistratura.

Mi ripeto, non è cosa si compie, ma contro chi lo si compie.

La signora giudice è di sinistra, di quella di potere, che potrebbe e dovrebbe, secondo loro, governare, anche senza voti.

Rappresenta gli interessi economici, politici e sociali dei padroni dei nostri quotidiani nazionali e quindi non si può toccare, filmare.

È della casta che conta, di quelli che possono aggredire la polizia, per esempio, insultarla, ma non la si può filmare, provando che c'era pure lei e che violava i doveri di magistrato, che deve dimostrarsi sempre, almeno formalmente, al di sopra delle parti.

È membro di una casta di intoccabili, esseri superiori, non miseri come noi, che se andiamo allo stadio, in piazza e finissimo, anche per sbaglio, in una manifestazione, in qualche disordine, ci possiamo beccare le manganellate sulla testa, possiamo essere filmati, fotografati e poi essere chiamati per spiegare come mai eravamo lì.

Lei può tutto, lei può dire idiozie, sostenere che era lì per placare gli animi, ma come non si capisce, in quel caos di urla.

Lei è una signora magistrato e non è un povero plebeo, a cui le manganellate fanno bene.

Nessun pennivendolo ci difenderebbe, se fossimo noi dentro la stessa situazione, anche se eravamo innocenti e non dei facinorosi scesi in piazza per provocare sommossa popolari, come nei secoli passati, contro il potere costituito.

Sì, siamo ancora all'assalto ai forni, ma non tutti possono stare tranquilli, abbiamo i nobili signorotti a cui tutto è concesso e poi noi plebei subiamo e dobbiamo tacere, dopo aver letto con grande fedeltà il quotidiano nazionale, che impone le idiozie degli interessi dei progressisti.

6.10.2023

Tutti in piazza.

No, ancora questa assurdità delle piazze piene il sabato, di gente che non sa cosa fare e si mette in mostra per sentirsi forte.
I diritti da difendere non dovrebbero essere confusi con i dritti che cercano di conservare i loro privilegi.
Sono il popolo invecchiato che ha avuto tanti vantaggi, a spese dell'Erario, in passato e si riempie la bocca di proclami

vetusti, ridicoli, in stile rococò.

Non sanno di essere fuori dalla storia, di essere risibili, mentre la gente si preoccupa di non essere rapinata dagli zingari sui mezzi pubblici, le ragazze di non essere violentate dopo le ore 20, dai graditi ospiti appena sbarcati.

Ne conosco diversi di questa razza, altezzosi, incapaci di rispondere in modo sensato a un ragionamento, sprezzanti e sempre con il volto alto, come i vecchi nobili di un tempo.

Erano quelli che vincevano i concorsi prima di farli, poi nella vita si sono dimostrati sempre scarsi, più che mediocri.

Nel privato avevano sempre qualche vantaggio, facendo il doppio gioco con i padroni, stando, a parole, per i lavoratori, ma nei fatti servivano i peggiori datori di lavoro.

Il loro destino è segnato, ma non vogliono andare a lavorare, come tutti e quindi scendono in piazza.

Chi li finanzia è sempre sospetto.

Non c'è più l'Unione Sovietica, ma abbiamo strani ricchi personaggi che pagano misteriosamente e io temo che il primo pagatore sia sempre illegale.

Quindi, scordandoci i ridondanti discorsi ottocenteschi, delle lotte dei lavoratori, traditi e già venduti per trenta denari e anche meno, non resta che lottare per la costituzione, ma forse qualcuno fa confusione e parla di prostituzione, sì, di meretrici legate al sistema vecchio, fuori dalla storia.

La lotta si fa contro la normativa imposta dalla sinistra, ma ora il governo è di destra.

Perché hanno taciuto sino ad oggi ed improvvisamente alzano la testa?

Perché il popolo della sinistra rischia di dover andare veramente a lavorare e questo fatto loro lo temono come fosse il fuoco dell'inferno.

07.10.2023

Le guerre si riaccendono e gli equilibri mondiali saltano.

Abbiamo guerre dimenticate, vinte dall'Occidente anni fa, ma oggi tutto è rimesso in discussione.
Sì è riacceso il conflitto in Israele con i palestinesi, la Serbia mostra i muscoli nel Kosovo, gli armeni sono stati cacciati dal Nagorno-karabakh, mettendo in discussione il legittimo diritto di vivere nella loro terra.
Pochi hanno notato che il conflitto in Ucraina ha spalancato il vaso di Pandora, dove gli Stati Uniti si trovano in difficoltà, perché mantenere il potere sul mondo costa troppo economicamente.
Il pericolo però non è solo militare, ma tutto parte da giochi finanziari, che stanno sempre prima e durante i conflitti.
Ricordo che dietro a Israele e agli armeni abbiamo le potenze finanziarie mondiali, tali da mettere in discussione interi Paesi.
Chi ha risvegliato tutto questo e perché?
Sì, sarebbe preferibile rinunciare a guerre assurde ed attivare prontamente una tregua, se non fosse possibile giungere alla pace, in Ucraina, riconoscendo il diritto dei popoli locali, ovvero chi vuole stare con i russi resti con i russi, chi vuole stare con Kiev rimanga con questo presidente ucraino, personaggio quanto meno strano, per non dire strambo.
Sono gli equilibri mondiali che si stanno spostando?
Alla caduta del muro di Berlino abbiamo avuto solo gli Stati Uniti a dominare il mondo, a decidere come e cosa fosse giusto e democratico, ciò che fosse bello e buono e ciò che è

cattivo.

Ora altre forze, in parte sotterranee e altre alla luce del sole, ci stanno mettendo in un grave pericolo, avremo guerre e terrorismo, repressioni e morte, collassi finanziari e depressioni economiche, se non si torna a ragionare e si smette di giocare alla guerra, convinti di avere sempre ragione, come bambini viziati e stupidi.

08.10.2023

La guerra in Israele ci riguarda.

Ora non so se il governo israeliano abbia giocato in modo sporco, lasciando colpire per poi reagire in modo duro contro i terroristi islamici, come ipotizza qualche generale, ma loro, che hanno il servizio segreto più efficiente del mondo, o tra i migliori del Pianeta, avevano tante cellule dormienti di tagliagole sul loro territorio.
È questo il problema, che i dementi non vogliono vedere.
Quante ne abbiamo noi sul nostro territorio di cellule pronte a colpire?
Abbiamo la mafia nigeriana presente in massa, ma

certamente anche tanti tagliagole, organizzati o anche spontanei, pronti a colpirci per qualsiasi scusa, anche fasulla.

Quindi potremmo trovarci come Israele o anche in una situazione peggiore, perché l'islam non ha una grande forza organizzativa, ma una ferocia innata.

Non saranno disciplinati, ma pronti a morire ed a ucciderci, anche con semplici coltelli.

Basterà che ci sia un'offesa, qualcosa per loro di blasfemo, per esempio, per doverci chiudere in casa, con vecchi, donne e bambini.

Io spero, per quel giorno, di essere ancora vivo e ancora in forze, perché non resterei in casa ad attenderli.

Spero di riuscire a organizzare la mia difesa personale, visto che le istituzioni e la magistratura sono loro amici, a tutti i livelli, da come risulta delle reazioni in difesa di una loro magistrata, socia in affari.

Non mi farei tagliare la gola senza dare a loro un conto da pagare, senza mandarne all'inferno un bel numero.

09.10.2023

Perché i magistrati possono essere al di sopra della legge?

Quello che ha fatto la signora magistrato di Catania, Apostolico, se fosse stato fatto da un semplice dipendente pubblico sarebbe finito, in poco tempo, con il licenziamento, anzi con la radiazione da tutti i posti pubblici.

Invece la cara signora rimane, non si dimette e mantiene impunemente il suo incarico, ma ha violato alcuni obblighi che tutti i dipendenti pubblici devono mantenere, il contegno decoroso e decente, la buona condotta.

Per molto meno ho saputo di personaggi licenziati, fatti decadere da lavori come impiegati comunali, meglio ancora statali, anche per bidelli.

Invece la signora può svolgere il suo lavoro e strillare alla polizia od essere con chi strilla, "assassini".

Non cambia molto il fatto in se stesso, averlo urlato oppure essere solo lì, in silenzio, ma di fatto approvando le posizioni e le scelte di chi urlava.

Poi l'organo di controllo dei giudici, in nome di una misteriosa indipendenza della giustizia, che ricorda troppo le caste nobiliari medioevali, di certi signorotti anacronistici e ridicoli, la protegge, mettendosi contro la maggior parte degli italiani.

Infine abbiamo i soliti poverini che difendono l'indifendibile, perché partecipare a certe manifestazioni, diciamo di carattere violento, è un reato, lo sanno bene chi nel passato ha subito condanne penali per adunata sediziosa e altro ancora, durante manifestazioni politiche o anche sportive.

Quindi i giudici indipendenti possono accusare la polizia di essere formata da assassini, ma però fanno uso della loro protezione, contro anche ladri ed assassini veri, quelli che sbarcano alla marina tutti i giorni sulle nostre coste e manifestano a favore della strage di civili in Israele, in nome dell'Islam.

Sì, loro liberano costoro e a pagare saranno i vecchietti che andranno al mercato, la ragazzina che va a scuola, mentre la casta superiore della magistratura non teme ladri, stupratori e tagliagole, hanno la polizia che li protegge.

Dire che chi difende costei sia almeno in cattiva fede è poco, io temo un gioco sporco ed eversivo alle sue spalle, ovvero di chi tira l'elastico finché si rompe.

Allora altro che indipendenza della magistratura ci sarà, avremo uno Stato di Polizia, che a questo punto mi pare l'unica soluzione per liberarci da criminali e farabutti di tutti i generi.

10.10.2023

L'Occidente sta crollando sotto il peso delle sue assurdità?

Siamo sotto attacco, ma da chi?
Il nemico pare tanto feroce quanto stupido, ma pure da noi gli imbecilli prosperano e alzano sempre la testa, orgogliosi.
Ci stiamo riempiendo di taglia gole, di infiltrati islamisti e chi conosce la storia sa bene che l'islam non può sposare la democrazia, ma solo la tirannide feroce, perché è un sistema adatto a governare con prepotenza, dove i paria sono gli infedeli e i fedeli sono spesso delle belve irrazionali.
Infatti sono loro i più poveri della terra perché chi vive alla giornata e segue passivamente il suo destino è un poveraccio per ovvi motivi razionali, escludendo gli emiri e sultani, che si impossessano, per diritto divino, dei beni pubblici di intere nazioni.
Così, per mantenere la maggioranza degli elettori, che non c'è più, si va avanti con politiche che tendono a raggruppare la lotta per i gay a quella dei taglia gole, dei burqa e dei burkini, liberi e democratici per certe ridicole femministe, ma dietro abbiamo botte e maltrattamenti feroci.
Sì, le lotte per le donne diventano quelle per le schiave

analfabete, segregate quasi sempre in casa, a mettere al mondo bambini, che cresceranno senza stimoli mentali, perché le mamme rinchiuse non hanno stimoli per se stesse e per i figli.

Così i tagliagole affilano le lame, da anni i servizi segreti ci avvisano, ma la politica non ci bada.

Quello che è capitato in Israele potrebbe capitare anche da noi e come in questo caso avremo sempre gli idioti, che commetteranno il reato di favoreggiamento e istigazione a delinquere, inoltre giustificheranno gli assassini.

Sì, per loro la colpa sarà sempre degli aggrediti e i boia saranno sempre presentati come vittime della nostra società.

Cosa sta dietro alla demenziale gestione della cosa pubblica, della politica migratoria, da parte di giudici e funzionari pubblici, della difesa patetica e ridicola di tutto questo dei soliti pennivendoli sottocosto?

Siamo in mano a un sistema zeppo di contraddizioni, con idioti che temono di perdere la sedia sotto il sedere, dove si rimettono in gioco equilibri e valori, di un ceto medio piccolo, piccolo borghese, che si aggrappa sempre più ai valori trionfanti, passando dalle tradizioni famigliari conservatrici a un modernismo snob e risibili.

Tutto ciò che arriva dalla televisione, dai giornali, è legge, tra il popolo del basso livello culturale, con la sua mediocrità misera e la sua spacconeria patetica.

Sì, l'Occidente si sta disfacendo sotto il peso del politicamente corretto.

11.10.2023

Siamo in guerra contro i cretini.

Non ho più dubbi, ma dietro ai grandi disastri umani abbiamo dementi pericolosi, personaggi da ricovero in ospedale psichiatrico.
Attorno a costoro poi abbiamo il popolo dei lacchè, fedeli e pronti a tutto.
Le guerre che si stanno muovendo attorno a noi hanno questo alle spalle, ma soprattutto io mi soffermo sugli ospitali, fedeli

nei secoli come tanti dementi pericolosi, criminali oltretutto.

So bene che quando costoro saranno la maggioranza, parlo degli islamici in particolare, un giorno si sveglieranno e ci daranno la caccia, come fossimo bestie da sgozzare, carne da macello, nel modo disumano come uccidono loro il bestiame.

Il meccanismo è storico e classico, loro si moltiplicano come cavallette, magari sfruttando i nostri sussidi per l'infanzia, con ciò che rimane della sanità pubblica, messa in crisi anche dalla loro forte presenza.

La caccia all'infedele, donne, vecchi e bambini compresi, sarà uno sport a cui si dedicheranno con passione e gioia.

Loro sono più poveri di noi, perché vivono alla giornata e non programmano le loro esistenze, perché devono seguire il fato divino, si abbandonano alla volontà di Allah.

In conseguenza, se noi siamo e saremo più ricchi, messi meglio, anche perché avremo un figlio o due soli, da far studiare e inserire bene nel mondo del lavoro, la colpa di essere più poveri, socialmente messi peggio rispetto a noi infedeli, è loro, perché non ci hanno combattuto, come insegna il Corano.

La loro invidia, la loro meschinità ci porterà a situazioni terribili e se non capiamo già ora che non si può convivere con loro si avranno situazioni terribili.

Non bastano i sorrisi ebeti dei buonisti, i loro altezzosi atteggiamenti di leccaculi e di raccomandati.

Chi conosce la storia e le culture medievali, da loro ancora presenti, sa bene che cosa sia la soffocante realtà islamica sul nostro povero e debole mondo attuale.

Perché ci sono dei gruppi economici che finanziano l'invasione?

Abbiamo corrotti che per il loro lusso, da sindacalisti di sinistra e da tardo socialisti corrotti, si vendono agli sceicchi, abbiamo certamente i giornalisti che riescono non a fallire, con i loro periodici, grazie a proventi misteriosi, ma non troppo.

Infine governi alleati si comportano da nemici, favorendo l'immigrazione clandestina.

Tra noi ci sono magistrati che applicano la legge in modo spudorato, a difesa dei criminali, mostrando un sistema profondamente corrotto in ogni suo lato pubblico.

Per questo motivo che certe indagini non partono, come ai tempi della Prima Repubblica, quando la corruzione era così palese che avevamo dei politici che ne esaltavano le virtù in pubblico, per i concorsi truccati e per le tangenti sugli appalti da versare ai partiti.

Sì, certi magistrati sono da radiare, ma se una parte dell'opinione pubblica li difende, dopo aver letto due idiozie sul quotidiano nazionale, non rimane che sperare nella nascita di un nuovo Stato, che faccia il lavoro dello Stato legittimo e indebitato.

Prima che la mattanza di noi, poveri infedeli, inizi, prima che, dopo essere stati sgozzati, costoro ci accusino, già lo fanno, che è colpa nostra se loro sono delinquenti violenti, perché non li sappiamo accogliere.

Mi chiedo, ma chi approva un giudice donna che commette il reato palese di radunata sediziosa, senza essere radiata?

Chi scrive motivazioni a sentenze, che l'ultimo dei dementi non scriverebbe, quale è il suo Quoziente Intellettivo?

Sicuramente è molto, molto basso e per colpa loro ci troviamo nello sterco, ma sono anche fiducioso, prima o poi i cretini torneranno a svolgere i lavori a loro adatti e lasceranno le stanze dei bottoni, di comando altrimenti prepariamoci al peggio.

12.10.2023

La politica dei corrotti e dei venduti.

In tanti parlano di Soros e c'è chi lo esalta, come un filantropo, lui che è ricercato da diversi Stati asiatici in genere, per il reato di aggiotaggio, da noi considerato minore, praticamente inesistente, ma che può affamate interi popoli, se segue logiche speculative sulle loro monete.
Ora abbiamo i finanziatori del terrorismo internazionale che stanno dietro a certi personaggi della politica nazionale, dal Quoziente Intellettivo basso e ancora più basso per chi li vota.
Il sindacalista della CGIL milanese, implicato nella vicenda della corruzione con i soldi del Qatar, che fine ha fatto?
È scomparso dalla cronaca nera.
Intanto la CGIL prepara la lotta.
Forse lo fa per celare i soldi nei sacchi nel tinello?
La difesa da parte dei soliti minchioni di giornalisti è la solita, si cerca la forma, l'errore nella procedura da parte degli inquirenti e non nel crimine evidente di chi, rappresentante dei lavoratori, viveva nel lusso, visibile da molti, impunemente.
Il fatto è chiaro come il sole e così parlo di avvenimenti del passato, quando i sovietici pagavano il Partito Comunista e gli statunitensi la Democrazia Cristiana.
Poi c'erano i soldi rubati direttamente dagli appalti truccati o

dalle tasse, come le accise sulla benzine per lo scandalo dei petroli, scoperto negli anni Ottanta del secolo scorso.

La corruzione è l'anima della nostra democrazia.

Se poi si fa notare l'evidente si è squadristi o si è stalinista, a secondo se chi accusa è di destra o di sinistra.

Certamente i petroldollari hanno imposto scelte economiche alla nostra politica, come gli accoglienti hanno alle spalle chi paga per venderci tutti ai vari mullah.

Che certi politici fossero sporchi, fossero le troie di regimi stranieri è evidente come il sole, non servono inchieste.

Quello che manca agli italiani, ma i nostri nonni avevano, è l'onestà di fondo, noi vediamo e capiamo, ma taciamo.

La pagheremo cara, non speriamo che i tagliagole non entrino in azione anche da noi, che colpiscano solo gli altri.

Invece un'arma potente si potrebbe trovare nel controllo di certi politici, di certe associazioni, dette ONG, colpendo costoro finanziariamente si vincerebbe la guerra contro il terrorismo, gli Islamismi, ma non vedo una grande volontà politica.

Poi colpendo gli editori di certi quotidiani si potrebbe smontare la madre di tutte le corruzione in Italia, il rapporto tra faccendieri e politica, per ottenere favori economici ed appalti, la causa prima del nostro debito pubblico.

La lotta contro le corruzioni ci salverebbe, ma la gente non è stupida, è complice.

13.10.2023

La crudeltà e la ferocia sposano l'imbecillità.

Non parlo solo dell'odio tra israeliani e palestinesi, quello nasconde brutalità da entrambe i fronti da decenni.
Sono rimasto sorpreso dall'odio, che ricorda troppo quello della Seconda Guerra Mondiale, contro i nemici.
I nemici non sono umani, pare percepire dai discorsi politici che escono, quando si tratta questa questione israeliana e araba veramente molto complessa per essere considerata con argomentazioni da tifo da stadio.
Oggi però la discesa in politica dei gruppi partitici nazionali supera la loro meschinità e la loro mediocrità, come persone e si trasforma in un gioco delle posizioni che nasconde interessi politici ed elettorali.

Un fatto mi sorprende e mi preoccupa tantissimo, la grande crudeltà e l'immensa ferocia dei manifestanti, su tutti i fronti, che trattano il nemico come insetti molesti.

I bambini vengono usati come ostaggi, una vera e lurida vigliaccheria, che dimostra la stupidità di chi comanda e ci porta verso prospettive mostruose, da olocausto.

Infine nelle nostre strade l'odio prende forma e i fanatici, spesso dementi falliti nella vita, alzano la voce e minacciano.

Mi dispiace per i filo palestinesi, ma sono convinto di un fatto, la forza di Israele sta nella loro predisposizione allo studio e all'organizzazione, da loro ci sono istituti di ricerca di importanza mondiale, da loro si fa dell'agricoltura sperimentale, da loro l'economia funziona perché sanno che l'impegno e la conoscenza sono alla base dello sviluppo.

Invece dall'altra parte abbiamo la rassegnazione islamica, la madre di tutte le miserie umane, sociali ed economiche.

La questione palestinese deve essere trattata con onestà e intelligenza, ma ne ho vista poca, anzi quasi niente.

Ora qualcuno sta spingendo verso la guerra anti Occidente molti fronti fermi da anni.

Forse sarebbe meglio per tutti iniziare a trattare e arrivare alla pace, perché il prossimo fronte potrebbe aprirsi in Africa, altri sono pronti a scoppiare in Asia.

È una visione che abbiamo dell'Occidente che sta saltando, il mondo non vuole più sottostare al predominio economico e finanziario di pochi Paesi, del Dollaro e dell'Euro, che li schiaccia nella miseria.

Il problema sta nel fatto che abbiamo una classe politica che non capisce, da tutte le posizioni pare ferma a decenni fa e vede tutto come fosse un brutto film Western, dove gli indiani, oggi detti nativi americani e cowboy si scontrano, dove c'è chi fa il tifo per gli uni o per gli altri.

Mi dispiace, ma la realtà è molto più complessa e lo scalpo lo rischiamo pure noi, nella vita quotidiana, tra islamisti

quindicenni e tagliagole dementi che hanno deciso di andare
in paradiso sgozzando infedeli.

14.10.2023

Ho osservato un fatto che accomuna gli islamisti e i pedofili,

sono entrambi sadici degenerati e godono per la sofferenza dei bambini.
Sarà un caso?

15.10.2023

Gli islamisti alzano la testa da noi.

Era prevedibile, ma i cretini non si arrendono.
A Milano un egiziano, già ufficialmente espulso nel 2019, con un fermo successivo, che constatò ancora la sua presenza irregolare sul territorio italiano, ma senza poter essere espulso, ha aggredito e ferito tre passanti al grido Allah Akbar, con il corano tra le mani, ferendoli.
I soliti squallidi pennivendoli, di quelli che compri in offerta al supermercato, hanno detto, senza perizia, che soffrisse di problemi psichiatrici.

Così per loro non è un atto terroristico, ma solo una faccenda di salute mentale.

Posso essere d'accordo e in conseguenza gli islamisti dovrebbero subire tutti, seguendo questo ragionamento, il trattamento psichiatrico, un po' di TSO, o se si vuole, con i metodi di un tempo, con l'elettroshock incluso.

Però costoro continuano a sbarcare sulle nostre coste e se si cerca di rinchiuderli, in attesa di decidere cosa fare di loro, abbiamo i magistrati democratici che li liberano.

Ora per capire come mai l'islam ci odia basta comprendere cosa sia realmente.

Pochi conoscono le origini di questa religione, ma forse si può spiegare leggendo l'antico Testamento della Bibbia, meglio ancora i precetti della legge di Mosè.

Si scoprono molte cose simili alle tradizioni islamiche, come la lapidazione dei blasfemi, delle adulterio, anzi pure degli adulteri, ci sono pure i maschietti, degli omosessuali.

La carne senza sangue, ovvero sgozzare le povere bestie per far uscire il sangue, è presente anche nella legge ebraica ed altro ancora.

Però gli ebrei oggi, da almeno 2 mila anni, non linciano più nessuno, hanno le loro tradizioni religiose e non le vogliono imporre al mondo con la forza, perché ebrei si nasce e non si diventa per conversione.

Invece l'islam è una fede che utilizza le regole in modo rigido e le impone, diventa uno strumento di potere, sulla base maschile, dove le donne servono per avere figli, perché il numero dà potere a loro, o così sperano.

Io non ho trovato dati sulle condizioni economiche di costoro, ma so che quasi sempre, se non sempre, vivono miseramente da noi, escludendo le eccezioni, ma da tempo non ne vedo sui giornali, poi spesso sono delle panzane raccontate dai soliti scribacchini.

Loro si adattano al fato, alla volontà di Allah, che li premia e li punisce secondo la loro fede, così se gli infedeli sono più ricchi di loro, questo fatto è quasi sempre vero, escludendo gli emiri e gli sceicchi vari, significa che Allah li ha puniti.

Perché li ha puniti?

La risposta più comoda per le loro menti semplici sta nel fatto che non hanno combattuto e punito gli infedeli.

Quindi il clandestino, già ufficialmente espulso sul territorio, i delinquenti che aggrediscono i carabinieri, fatto avvenuto qualche mese fa, urlano sempre Allah Akbar, iniziano già a colpire.

"La gente deve stare calma", pare percepire come fosse un sussurro, un ordine di un potere occulto e corrotto, che vuole giocare sporco sulla nostra pelle.

Un mio cugino missionario in Indonesia, il più grande Paese islamico del mondo, che trattava tutti i giorni con costoro, mi aveva spiegato come ottenevano le conversioni.

Loro gestivano delle buone scuole, dove molti ragazzi volevano entrare e lì, grazie agli studi, molti alla fine cambiavano fede, diventando cristiani.

Sì, l'islamismo si vince con la cultura occidentale, con il suo pensiero razionale, che smonta facilmente le assurdità dei fatalisti irrazionali islamici.

Invece noi cosa facciamo?

Ci riempiamo di potenziali terroristi, che usciranno allo scoperto, prima o poi.

Lo scontro di civiltà, o di realtà storiche, è inevitabile.

Il finale può avere due conseguenze opposte, avremo il mondo intero dominato dal fanatismo islamico, con tutte le conseguenze disastrose che ci sarebbero, io dico si arriverebbe all'estinzione di massa se loro fossero i padroni del pianeta.

Oppure la loro sconfitta, ma come, con quali disastri e massacri preferisco non parlarne.

Le politiche buoniste, neo colonialiste pure, che per due voti o due soldi, spesso sporchi, lasciano fare, ci stanno preparando l'inferno in terra.

15.10.2023

I terroristi islamici colpiscono e noi li accogliamo.

Io sono convinto che dietro ai politici abbiamo sempre chi ci guadagna, chi agisce per fini diversi, anche opposti.

A parte i corrotti, che si vendono agli sceicchi, abbiamo una grande stupidità che io definisco sia patologica, che funzionale.

Ciò che il potere assoluto islamico teme è la fine del loro potere, mi spiego meglio, possiedono due armi, la prima è il numero, tanti figli, la seconda sta nei petroldollari, che prima o poi si esauriranno.

La prima arma serve a poco, anzi a nulla, in un mondo sempre più tecnologico, con l'intelligenza Artificiale, che ruba già lavori di bassa specializzazione a centinaia di migliaia di persone, mentre tanti figli, con madri praticamente analfabete, cresciuti da loro, con pochi soldi per farli studiare e ostili alla cultura occidentale, che ha generato il progresso tecnologico, servono a poco.

Quindi la loro lotta è contro gli infedeli, ma per prima cosa contro la tecnologia degli infedeli, ormai di tutti i popoli a loro storicamente ostili, compreso gli indù dell'India, i buddisti cinesi ed altri ancora.

Si può dire che i fanatici che si scagliano per uccidere, colpire, i passanti, la gente che va alla partita, a un concerto, a festeggiare il capodanno, a fare la spesa, fa parte della lotta disperata di questa gente che non riesce a fare un salto culturale.

Dovrebbero vedere tutto in modo razionale e oggettivo, credere nel Corano come gli Ebrei moderni, che credono senza fanatismi nella loro Bibbia, nei testi rabbinici, come li chiamano, quasi uguali alla nostra Bibbia, nella parte dell'Antico Testamento.

Loro invece non possono immaginare di essere servi degli infedeli, di essere più poveri e ci vogliono rendere loro schiavi, perché così vuole Allah, perché così ricevono il premio della loro fede, che è poco spirituale e molto materiale, con benefici oso dire terreni.

Se questo non avviene allora loro passano al terrorismo e alle stragi, all'uccisione di persone innocenti.

Quindi questa religione non può convivere in questa epoca, non ci sono islamici buoni o cattivi, ma solo quelli che sono passati all'azione e quelli che peseranno.

È solo una questione di tempo.

I nostri miseri pennivendoli continuano ad identificare come malati mentali chi aggredisce, da noi, urlando Allah Akbar, ma non esiste una pazzia, una malattia mentale con queste caratteristiche.

La loro è una grande idiozia, i pazzi hanno mille manie e mille ossessioni diverse, attaccano pure, ma per fissazioni immaginarie, frutto della loro fantasia malata, per esempio.

Non si può quindi affermare che esiste la psicosi del terrorista islamico, anche perché a quel punto si potrebbe considerare ed allargare questa instabilità mentale a tutti gli islamici, da trattare come potenziali incapaci di intendere e di agire ed essere persone potenzialmente pericolose.

I politici dementi, sia quelli che si vendono ai tagliagole, che quelli che si sentono buoni perché sono accoglienti, oltre ad essere ridicoli e pericolosi, stanno favorendo soluzioni drastiche e durissime contro tutta questa gente.

Io aggiungo, gli islamici saranno i meno adatti ad accettare i cambiamenti in corso oggi, con sempre meno lavoro e quel poco che rimane sarà sempre più per persone preparate.

È facile prevedere l'emarginazione, come già capita nel resto d'Europa, di costoro, quindi avremo sempre più rabbia contro noi infedeli e sempre più radicalizzati pronti a colpire.

Come finirà?

Le soluzioni ci saranno e assomiglieranno ai ghetti chiusi, simili a campi di concentramento, con tutto il resto che la storia ci ha già mostrato in passato.

Non volerli qua è un atto intelligente, onesto ed è una scelta per dare a loro un futuro migliore.

Non dobbiamo importare costoro, ma noi dobbiamo esportare la nostra cultura scientifica, razionale da loro.

16.102023

La guerra santa islamica e le sue ambiguità.

Chi sta dietro a tutto questo?
I primi sono i buonisti idioti, gentaglia che si vende per trenta denari, a qualche emiro o a qualche finanziatore che gioca sporco, per fini geopolitici, per speculazioni varie, a rialzo e a ribasso.
Sì, i terroristi islamici sono strane creature fuori dalla storia, mostri del passato, ratti di fogna in libera uscita in città ormai totalmente linde.
Come al solito bisogna capire chi finanzia e perché lo fa.
Ora, in questa era dove tutto lascia una traccia telematica è impossibile, per chi vuole capire, da dove vengono i soldi e per quale motivo lo fanno.
Io sono certo che abbiamo qualcuno che finanzia e qualcun'altro che sta sopra di lui, per altri fini.
Al primo posto abbiamo lo scontro tra Occidente ed Oriente, tra Cina e Russia contro Europa e Stati Uniti.
Poi abbiamo interessi economici e finanziari, legati per

esempio al petrolio e al suo prezzo, ai traffici commerciali e l'Italia ne è al centro, essendo al centro del Mediterraneo.

Eppure l'islam e l'islamismo potrebbe appartenere al passato, in un naturale declino per le sue regole rigide, legate ad un mondo arcaico.

Si potrebbero benissimo controllare i più fanatici, le loro prepotenze, le loro violenze anche famigliari, ma per farlo serve una volontà politica che non esiste.

Infatti furono attaccati, guarda un po' lo strano caso, i Paesi con regimi quasi laici, non islamisti, dall'Occidente, come l'Iraq di Saddam Hussein, non i regimi islamisti.

Il perché è semplice ed evidente, con gli islamisti si fanno tanti buoni affari, mentre per i laici non è così facile fregarli.

Per sconfiggere il terrorismo islamico, i suoi fanatismi criminali, bisogna cercare tra noi le politiche neocolonialiste e denunciarle.

L'Iran acquista armi e tecnologia da anni da noi, in Occidente, nonostante l'embargo sulla vendita diretta, che avviene sempre in modo indiretto.

In tanti si arricchiscono con gli sceicchi, con gli emiri, utili idioti a cui vendere cianfrusaglie e prodotti inutili, come la cronaca insegna da decenni.

Poi i tagliagole sono la conseguenza di un fanatismo idiota, protetto e difeso da Occidente ed Oriente, sono utili contro i nemici, il caso dell'Afghanistan è classico e la stampa non parla mai chiaro, ovvero li si combatte da decenni e lì si sono spesi decine, decine di miliardi in armi, date ai vari guerriglieri di Allah, prima contro L'Unione Sovietica e poi contro l'Occidente.

Sì, gli islamisti sono ottimi mercenari da usare contro nemici, avversari, concorrenti e se si vuole colpire il terrorismo bisognerebbe colpire i finanziatori, ma contro di loro non si accenna a sequestri di beni, di capitali, ad embarghi bancari, come capita invece per i falliti e i truffatori scoperti dal sistema di controllo.

La guerra santa fa parte del gioco sporco di questa epoca equivoca ed ambigua.

Se qualcuno ci taglierà la gola, urlando Allah Akbar sappiate che i mandanti sono loschi politicanti dai sorrisi ebeti e falsi, speculatori finanziari senza remore né morale, che venderebbero loro madre, con moglie e figli al seguito.

Gli affari sono affari e non si possono farsi troppe domande se certi intrallazzi porteranno morte e dolore.

17.10.2023

Saremo costretti a difenderci da soli?

Mi pare che siamo sempre più in pugno a gente incapace o con le mani legate.

Siamo sotto attacco, sotto invasione e dobbiamo ospitarli sempre più, mentre loro affilano i coltelli per le nostre gole.

Ormai gli Allah Akbar si ripetono ed a urlare sono sempre più dementi, delinquenti che non dovrebbero più essere in Italia, ma nessun giudice concede l'espulsione.

Oltre alla casta dei magistrati abbiamo contro questa ridicola Unione Europea, che lascia uccidere impunemente i suoi cittadini.

Abbiamo le corti di giustizia penale e dei diritti umani, formati da veri comici che fanno solo piangere e non ridere.

Le violenze nelle strade aumentano e i soliti bastardi con scorta, pagata da noi, ci fanno discorsi demenziali, dove la colpa è sempre nostra, le vittime sono colpevoli.

Certi avvocati delle cause perse, difensori di mariti violenti, assassini, di stupratori, si sono dati alla politica e non fanno più gli avvocati d'ufficio, sotto pagati, ma difendono in branco i tagliagole.

Diciamo che se riuscissimo a liberarci dei lecchini professionisti, dei vari raccomandati, ci libereremmo del popolo parassitario, che oggi è tanto accogliente, perché la linea vincente è quella, per loro.

Sì, se le cose andranno avanti così saremo costretti a difenderci da soli, anche se il sistema corrotto dei giudici e dei politicanti cercheranno sempre di spalancare le prigioni a loro e ingabbiare noi.

Mi dispiace per gli ospitali, tanto, tanto buoni, ma l'unica soluzione sta nel rinchiudere gli islamici, tutti, in luoghi chiusi, in ghetti per loro, senza possibilità di contatto con noi, infedeli.

Sarà questa la soluzione futura o le azioni terroristiche favoriranno reazioni ancora più feroci, io dico da pulizia etnica.

Per il loro bene non possono stare da noi, con noi o sarà un massacro.

Vedete voi, io cerco soluzioni sensate e razionali, altri sono solo dei banali idioti e i risultati li vediamo, ma a pagare siamo tutti noi.

18.10.2023

Guerra santa e soldi sporchi.

Cosa abbiamo dietro allo scontro tra Hamas e Israele?
Premesso che senza quattrini non si fanno le guerre e chi
investe in guerra ottiene sempre ottimi profitti, anche se finisce
sconfitto.
Di chi parlo?
Dei trafficanti di armi, di chi specula sulle materie prime, come
il petrolio e di chi gioca con la finanza mondiale.
Costoro si arricchiscono sempre, anche se i loro protetti
vengono sconfitti sul campo.
Chi abbiamo dietro?
Il controllo del canale di Suez, passaggio obbligato per i
commerci navali che transitano poi nello stretto di Gibilterra

per andare nel Nord Europa, nel Nord America e anche, attraverso l'Italia, verso il centro Europa.

Quindi c'è pure la via della seta in gioco, per esempio, oltre ai soliti traffici petroliferi.

Chi ha armato Hamas?

Abbiamo solo l'Iran?

Chi ha dato, venduto a caro prezzo, le armi all'Iran, da poi in parte inviate per questo conflitto?

Se si volesse la pace si colpirebbero questi individui che agiscono nell'ombra, accumulano miliardi e miliardi, ma tacciono sempre.

Infine perché non cercare una tregua in Ucraina e quindi con Putin?

Sicuramente riportare un po' di serenità tra Oriente ed Occidente farebbe molto bene a tutti.

I dittatori non si sconfiggono con le armi, ma con politiche accorte ed intelligenti, mettendo i tiranni in bilico, per farli cadere, favorendo crisi interne, destabilizzando il loro potere interno.

Ora rischiamo che i terroristi islamici ci colpiscano in casa nostra ed ancora non possiamo rimandare a casa loro, quindi spero che proseguano le iniziative che rendano sfavorevoli le loro condizioni in Italia, tagliando diritti alla sanità, sul lavoro, agli stranieri, in modo che non convengo più a costoro arrivare da noi.

Se si faranno politiche contro l'accoglienza avremo meno disperati con il coltello nelle strade che violenteranno le nostre figlie e nipoti, che sgozzeranno i nostri figli.

Non è bello ciò che scrivo?

Il mio primo dovere consiste nel difendere la mia famiglia e quella degli altri, le nostre donne e il futuro dei nostri bambini.

19.10.2023

Il popolo della sinistra e i sindacati, con le associazioni clientelari.

Una tessera non si nega a nessuno, neppure ai cani, poi i vantaggi ci sono, per esempio nello sconto per preparare il 730, anche se poi spesso ci sono errori banali, da far pagare al fesso di turno.
Abbiamo i concorsi, per i ragazzi che vogliono ancora fare e non sognano di diventare influencer, non molti a leggere certi dati.
Comunque una tessera politica e sindacale aiuta e il risultato val bene la tassa di iscrizione per chi si iscrive, in carriere nel pubblico impiego, in favori vari, per ottenere magari il Reddito di Cittadinanza o una casa popolare e tanto altro.
Quindi la CGIL raccoglie molti iscritti, è il sindacato più gettonato, ma con tanti pensionati iscritti, che sono 2 milioni e

700 mila affiliati ormai in pensione, più della metà degli iscritti dei 5 milioni di tesserati.

Se non ci fossero tra gli iscritti gli immigrati, spesso sottoccupati e in nero, la CGIL sarebbe solo un sindacato per vecchi.

Loro minacciano di fermare il Paese con uno sciopero generale, ma dubito nel successo, se non si considerano i servizi di trasporto pubblico, che loro fermano ripetutamente, per rompere l'anima alle persone che vanno al lavoro e a scuola.

Poi abbiamo l'ANPI, associazione dei partigiani, con tanti iscritti e finanziata dallo Stato, da noi, che prendono posizione filo invasione islamica, nonostante il terrorismo, le violenze e gli stupri.

Di partigiani tra loro c'è ne sono pochi e sono ultra novantenni, poi dubito pure la lucidità mentale degli ultimi personaggi in questione, mentre tutti gli altri sono militanti del PD e forze simili.

Sì, l'Italia clientelare, dalle mille raccomandazioni, dai mille favori velati malamente, ha alle spalle anche questo.

So bene che senza tessere giuste e rapporti famigliari o di gruppo sociale in questo Paese non si fa nulla, specialmente nella realtà provinciale.

Quindi la lotta dura è per mantenere vantaggi e favori, di ogni genere, dal campo lavorativo, a quello professionale, scientifico e pure artistico, infatti molti laureati fuggono all'estero e sono le menti migliori, guarda la casualità.

Non dico che sia tutta colpa dei sindacati e delle forze affini, ma qualcosa loro rappresentano e temono il merito come i vampiri temono la luce del sole.

20.10.2023

I tagliagole sono a migliaia tra noi.

Ora si preparano a tagliarci la gola, ma era ed è tutto prevedibile.

Stanno chiudendo il recinto, ma i buoi sono già fuggiti, ma era facile predire, senza essere chiaroveggenti.

Tutti coloro che possedevano e possiedono idee, nozioni storiche, con un minimo di intelligenza, potevano immaginarlo.

Quando spalancarono le porte agli immigrati illegali, tra noi, il fatto fu presentato come un atto di carità cristiana, di giustizia verso i più poveri del mondo, verso i popoli del Terzo Mondo, come si definivano un tempo i Paesi fuori dai due blocchi della Nato e del patto di Varsavia.

Gli italiani furono definiti, dai soliti squallidi pennivendoli, come dei lavativi perché certi lavori non li volevano più svolgere, sotto costo e si dovevano importare costoro.

Così iniziò quella che fu una truffa storica, un inganno

evidente, con il fine di far crollare i salari dei ceti più deboli e non specializzati.

Il gioco riuscì bene, i manovali italiani subirono il pubblico disprezzo, mentre i nuovi arrivati vennero visti come lavoratori indefessi.

Poi pure certi lavori illegali furono sostituiti dai nuovi arrivati, prostituzione, spaccio di sostanze stupefacenti.

Tanti manovali del crimine furono ben accolti, ma soprattutto si scelsero le persone, i popoli che culturalmente non potevano essere integrati, se non con una rivoluzione mentale, un salto culturale.

Sì, dietro c'era una politica ben chiara, quella del lavoro nero e dei mestieri di basso livello e questo per contrastare il costo del lavoro, che per certi politici era la prima questione nazionale.

Non era la corruzione dilagante, non era il lavoro nero e sommerso, che da noi rappresenta il 10% del PIL, ma il costo del lavoro, che poteva e si può combattere con intelligenza, con le nuove tecnologie.

Per ottenere una crescita naturale dell'economia servono politiche pulite, senza isterismi sindacali, senza mazzette sotto banco e investimenti, con il favorire i nostri tecnici.

Sì, serviva una politica del lavoro da Terzo Millennio, ma la nostra casta dominante, corrotta e corruttrice, preferiva e preferisce il pattume, il pantano, da dove è sorta e dove si sente a suo agio.

Così si scelsero loro, i meno integrabili, anzi gente che ci odia perché siamo infedeli, da combattere e rendere schiavi o da convertire con la forza.

Avere gente simile tra noi aveva un suo chiaro scopo, per ora si utilizzano, poi, quando le nuove tecnologie li renderanno inutili, verranno segregati in ghetti e se diventassero ancora più violenti, saranno espulsi.

Ho letto che tra i 5 milioni di immigrati in Italia, che poi abbiamo molti comunitari, tanti europei e quelli che noi vediamo come stranieri, africani e islamisti, sono circa un paio di milioni, ben un milione e seicentomila vivono nella povertà estrema.

Quindi, tranne qualche raro mullah e amici, tutti costoro sono nella miseria, nella povertà.

Vivono con i sussidi pubblici, anche con i soldi che ottengono dagli assegni famigliari ed eccoli che vedi famigliole di 3, 4 e più bambini, sicuramente in condizioni di miseria per la nostra mentalità, ma, ne sono certo, mamma e papà campano grazie ai loro bambini, con i contributi pubblici.

Sì, poi l'invidia trova spiegazioni nell'odio contro gli infedeli, che hanno ciò che non meritano, perché Allah premia i suoi fedeli e se gli infedeli hanno di più è perché sono ladri, perché loro, fedeli in Allah, non ci hanno fatto la guerra.

Ecco che il Ministero dell'Interno ci segnala che abbiamo circa 28 mila radicalizzati sul nostro territorio, ma io dico che tutti gli islamici sono potenziali tagliagole.

Era tutto previsto?

Qualcuno ha giocato sporco a nostre spese?

Io ne sono convinto, anche se non mi immagino individui coperti da cappucci in riunioni segrete.

Chi ci ha fatto invadere è la stessa genia che ha combattuto e combatte contro la famiglia naturale, perché avere troppa gente nell'era dell'automazione significa doverla mantenere e vedere problemi sociali, quindi era meglio avere famigliole con un figlio solo, ma capaci di spendere bene i loro soldi.

Oggi mancano bambini?

Era tutto previsto e si cerca di far ripartire un po' la bistrattata famiglia naturale, gli immigrati non sono adatti a diventare tecnici e ingegneri informatici, per i soliti motivi culturali.

Se poi qualcuno si troverà con la gola tagliata, perché il demente di turno ha deciso di andare in paradiso a cercare un po' di vergini con cui divertirsi, non preoccupatevi, loro hanno calcolato anche questo, poi non saranno le loro gole a subire il trattamento, saranno le nostre.

21.10.2023

Quante pulizie etniche avremo in futuro?

Io penso a quelle del presente, ma sino ad oggi nessuno ha risposto alle mie provocazioni.
Un tempo chiesi dove fossero finiti i soldi rubati, con la corruzione, negli anni della Prima Repubblica, migliaia di miliardi solo per lo scandalo dei petroli, rivalutando i mille miliardi di vecchie Lire, accertate per il caso, abbiamo circa 5, o 6 miliardi di Euro attuali.
Oggi chiedo, ma non avrò risposta ancora sicuramente, dove finiscono i clandestini morti, sul nostro territorio.
L'unica risposta demente che ho ricevuto è stata che loro non muoiono perché sono forti e giovani.
Allora ho presentato un po' di fatti, quelli dei loro Paesi di

origine, dove per condizioni igieniche e sanitarie identiche a quelle che vivono loro, la speranza di vita non supera i quarant'anni e questo significa che per malattie da noi debellate, come la tubercolosi e tante altre non curate, si muore abbondantemente anche a vent'anni, come dimostra il calcolo, in rispetto della media statistica.

Ora ho letto che i senza fissa dimora sono in aumento, quindi la nostra politica dell'accoglienza ha favoriti gli islamisti, i terroristi islamici, ha permesso di far ingrassare i gestori delle varie cooperative, ma per loro c'è molta miseria, fame e stenti, come fossero a casa loro.

Quanti sono i morti?

Quanti di loro spariscono per poter riciclare i documenti?

Questo fatto spesso capita, ma non si può, non lo si vuole dimostrare, perché in troppi hanno interessi nascosti dietro queste sparizioni, di gente che ufficialmente, se vengono trovate le carte di identità false, risultano tornati a casa loro, o così si afferma, ma senza un briciolo di prova.

Sì, il sospetto è per me una certezza, abbiamo in corso una viscida e sotterranea pulizia etnica, che viene celata malamente.

Infatti non è facendoli arrivare qua, pagandoli sempre meno per lavori manuali, che si dà a loro un futuro, ma si ottengono risultati portando istruzione vera, a casa loro, con un metodo razionale, tipicamente occidentale, che permetta a loro di superare la rassegnazione al loro destino e li renda attivi e costruttivi.

Chi non entrerà in questa logica in futuro, dove i lavori manuali di basso livello verranno lasciati alle macchine, non avranno un avvenire.

Tutti gli ipocriti si riempiono la bocca con parole verso l'accoglienza e verso i poveri, ma nel frattempo nelle loro tasche si ammucchiano i vari profitti economici per le loro beneficenze.

Invece questi miseri, non integrati e non integrabili, quando non servono più alle bande criminali o non sono più validi per certi lavori, dove finiscono?

Gli edifici abbandonati sono il loro ricovero, lì la legge non entra, non la nostra, ma abbiamo le logiche delle bande criminali, dove chi non serve muore di stenti. Certamente dietro abbiamo parecchi orrori che nessuno vuole o può vedere.

Mi ripeto.

Dove finiscono i morti che mancano alle statistiche?

La complicità verso questi orrori è grande e prima o poi uscirà alla luce del sole, nonostante il silenzio dei colpevoli.

22.10.2023

È sempre colpa nostra.

È sempre colpa nostra.
Ogni giorno la cronaca nera è zeppa di crimini perpetrati dai nostri graditi ospiti, ma ora l'imbecillità degli accoglienti supera tutti i livelli.
Neppure tra i peggiori avvocati delle cause perse si arriva a tanto, forse solo tra qualche giudice, che qualcuno ha posto in quella posizione per le sue diverse abilità, osa affermare certe ridicole sentenze.
Sì, è colpa nostra se loro, i tagliagole, non si sono integrati.
Sì, se mi tagliano la gola è tutta colpa mia, perché non l'ho aiutato a integrarsi nel nostro mondo, nella nostra realtà, il mio assassino invece resta sempre non giudicabile.
Ora, se si osserva questa demenziale affermazione, abbiamo diverse contraddizioni di fondo, una sta nel fatto che loro non sono persone, in grado di decidere, perché siamo noi che dobbiamo scegliere per loro, se integrarsi oppure no.
Loro non possono preferire o rifiutare la nostra cultura, il nostro mondo, diventando islamisti, pronti ad ucciderci.
Siamo noi che dobbiamo scegliere per loro, in conseguenza si afferma che costoro non sono in grado di intendere, di volere e come tali devono essere trattati.
Noi siamo responsabili di tutto e se sbagliamo paghiamo, le colpe sono sempre e solo nostre, come bianchi occidentali ed europei.
Scusate, se questo non è razzismo malamente celato che cos'è il razzismo?
In pratica loro, gli islamici, che diventano islamisti assassini, non sono in grado di discernere tra ciò che è criminale e ciò che non lo è, ma noi dobbiamo farlo per loro.
Che cosa sono?
Pare che per loro, i tanto accoglienti, siano animali da addomesticare?

Il cane, si sa, è aggressivo per colpa del padrone, che non lo ha saputo educare.

Le persone però non sono cani feroci, da rendere docili.

Sono esseri dotati di capacità di giudizio e in conseguenza se picchiano la moglie, se uccidono i vicini infedeli, che mangiano carne di maiale, se stuprano le ragazzine per strada, perché non sono velate, sanno bene cosa fanno.

Il razzismo ha molte sfaccettature e forse questa è la peggiore, quella di trattare tutti con atteggiamenti di superiorità e sentirsi responsabili per tutti, poi ci sorprendiamo se qualcuno poi imporrà, con le cattive, soluzioni terrificanti.

I buonisti sono i peggiori razzisti, feroci e disumani, che non siano mai esistiti.

23.10.2023

Lavoro e futuro, cosa ci attende.

Ora, potrei fregarmene, ma sono ugualmente preoccupato, non perché tema le nuove tecnologie, ma perché so bene che ci attende una rivoluzione sociale.
Come avverrà non si può sapere, potrà essere rapida o anche molto lenta, comunque sarà sempre dolorosa.
Le notizie di cronaca sono contraddittorie e confuse, ma io mi baso sui fatti, ovvero Amazon assume robot alle catene di montaggio, lo fanno anche aziende nazionali, appaiono anche nei ristoranti, solo pochi per ora, come camerieri.
Dopo aver sperato e annunciato il fallimento dell'intelligenza Artificiale si scopre che Chat Gpt, della Microsoft, ha un valore sul mercato di circa 80 miliardi di dollari e ne è costata 10 miliardi.
Tutto questo è avvenuto in pochi mesi e quello che appare l'affare del secolo, seguito prontamente da Google, ma anche

altri si stanno muovendo, dimostra che non è possibile fermare il progresso.

Sì, non è la solita banalità, ma da sempre si vuole risparmiare sul costo del lavoro, che però si è sempre trasformato nel tempo, passando da un lavoro ad un altro.

I contadini si sono trasformati in operai, poi molti sono diventati impiegati ed altro..

Sarà così anche in futuro?

Studi statistici parlano che in 10 anni spariranno 300 milioni di posti di lavoro sulla terra.

A lavorare oggi, sul nostro pianeta, abbiamo 2 miliardi e 800 milioni di individui, mentre i disoccupati e i sottoccupati sono circa un miliardo.

Ora a rischio abbiamo i guidatori di taxi, oltre agli altri autisti di mezzi pubblici, poi abbiamo chi porta pacchi ed altro a domicilio, oggi si propongono i droni.

I lavori ripetitivi, nelle aziende, nei magazzini, sono a rischio e prima o poi pure certi lavori agricoli, che per ora si cerca di svolgere ancora manualmente, spariranno.

La sorpresa sta nei lavori dei centralinisti, degli uffici di informazione, che sono già messi a dura prova e il personale è già stato sostituito, in gran parte, con l'IA.

In pratica non esiste lavoro, con le giuste applicazioni, che non potrà essere affiancato prima e poi sostituito da una macchina.

Ovviamente l'uomo sarà sempre alle spalle di tutto questo, ma quanti lavoreranno non si sa e chi avrà le doti giuste invece si sa.

Saranno coloro che possiedono una cultura tecnica, scientifica, ma anche generale e di base.

Quindi i 300 milioni di posti persi in 10 anni sono solo un assaggio di ciò che ci attende.

Come difendere il futuro dei nostri figli e nipoti?

La tigre in questo caso va cavalcata e non affrontata, ma a

questo punto mi chiedo e mi rispondo.

Chi sono e chi saranno i perdenti sociali del futuro?

Coloro che non sanno adattarsi alla realtà che avanza, coloro che non sanno agire secondo i principi della razionalità.

Io penso a tutti coloro che sono in crisi per motivi culturali già oggi, i sottopagati fattorini del cibo a domicilio, i tanti manovali che continuano a sbarcare a Lampedusa.

Sì, quelli messi peggio sono i non integrabili per motivi culturali, gli islamici, che si stanno trasformando in islamisti in massa.

Non ho trovato dati diretti su questo argomento, ma so bene che i più poveri della terra sono loro, a casa loro, ma anche da noi, escludendo gli sceicchi e i trafficanti più o meno illegali.

Sì, ne sono certo, loro saranno quelli messi peggio nei prossimi decenni e risponderanno con il terrorismo, contro gli infedeli che li affamano, così pensano loro, li ammassano in quartieri ghetto tra miseria e degrado.

Infatti il ceto medio e medio alto nei Paesi islamici sono formati da infedeli, cristiani copti in Egitto, armeni e caldei anche in Arabia Saudita.

Sì, gli infedeli sanno sempre far meglio di loro e questo provoca rabbia, desiderio di vendetta.

Quindi le periferie islamizzate d'Europa esploderanno, prima o poi.

Vedremo rivolte e violenze di ogni genere anche a casa loro.

Io sono certo di un fatto, o loro cambiano e rinunciano all'assolutismo religioso e alla loro logica malsana di controllo medioevale del mondo, oppure finiranno in ghetti infernali, con le conseguenze solite e storiche.

Pochi sanno che i lager, i campi di concentramento di tutti i generi, provocano morte in massa per le condizioni igieniche e per la diffusione delle malattie dovute alla concentrazione delle persone.

La speranza di vita per i reclusi in questi luoghi può essere di uno o due anni, in modo che tutti muoiano in poco tempo.

Le periferie degradate si possono trasformare in ghetti e in caso di gravi problemi di ordine pubblico, anche in veri lager serrati.

Chi ha favorito queste migrazioni in Europa sapeva bene che il futuro per i non integrati sarà la morte, la miseria di esistenze negli stenti.

Questo si chiama pulizia etnica, celata molto male.

Combattere contro l'immigrazione illegale e di massa significa solo fare il loro bene.

Loro hanno bisogno di rinnovare il loro patrimonio culturale, come hanno fatto e fanno i giapponesi e i cinesi, che hanno accettato il pensiero scientifico occidentale.

Per fare questo però dovrebbero rinunciare all'assolutismo religioso e al fatalismo irrazionale, ovvero di fatto rinunciare all'Islam.

24.10.2023

La cosca europea ci vuole togliere il Natale.

Sì, il fine, oso dire evidentemente demenziale, è quello di far sparire i simboli e il pensiero cristiano, che è un valore per tutti.
Che cos'è questa Europa oggi?
Una banda di speculatori immorali sta alla base del loro potere e il fine primo è distruggere ciò che dà senso all'esistenza, sia come visione ideale e sia come visione religiosa.
Perché avviene questo?
Perché loro adorano solo una divinità e si chiama dio quattrino, il profitto ad ogni costo e senza remore.
Così i prezzolati dell'Università Europea di Firenze, non si sa con quale diritto, hanno proposto di eliminare la festività del Natale, sostituendolo con quella di fine anno, che, i poverini non si sono accorti, esiste già.
Perché il Natale non è inclusivo e lo fanno per la gioia degli islamisti.
Chi paga costoro?
Sono a servizio delle varie commissioni europee di Bruxelles.
Sì, non sono soddisfatti delle morti e delle stragi islamiste, vogliono di più, si inchinano ai petroldollari, ai miliardi del Qatar, che sono almeno 3 miliardi secondo l'inchiesta e quindi gli imputati, compreso il nostro sindacalista, erano solo una parte di questo schifo.
Il dramma sta nel fatto che da questa università usciranno laureati che insegneranno o faranno carriere nelle

amministrazioni pubbliche e allora prepariamoci al disastro sociale, economico ed amministrativo.

L'Europa è vittima di un nichilismo che da parecchi anni ne intacca le fondamenta, ovvero il cinismo di chi punta solo all'utile, magari con scarsa capacità mentale e pure senza buoni risultati, ci sta portando verso il disastro culturale e umano, sociale e in futuro anche economico.

Non è a rischio solo il 25 dicembre, ma il nostro futuro come cultura, che sopravvivererà solo tra coloro che getteranno a mare il marcio di questo viscido cinismo demenziale.

Io ricordo una frase dei Demoni di Dostoevskij: "La Santa Russia li getterà a mare."

Io dico, ciò che rimane di umano e di onesto culturalmente di questa Europa butterà a mare questi inutili idioti.

25.10.2023

La sicurezza è sempre più un ricordo.

La politica non vuole o non riesce a ridarci la vecchia sicurezza di un tempo, quando era praticamente impossibile essere aggrediti, specialmente per le donne.
Ora le soluzioni ci sono, ma servono iniziative molto dure, oso dire repressive, basterebbe imporre una soluzione durissima, che io chiamo "i lavori obbligatori" perché i lavori forzati sono impopolari e sono pure incostituzionali, quindi è meglio non nominarli.
Mi spiego meglio, se uno commette un reato deve pagare e il modo migliore per lui sta nel lavoro, che deve svolgere in modo che la sua reclusione non sia un costo alla società, ma almeno che si ripaghi quanto i cittadini spendono per mantenerlo in carcere.
In questo modo si risolve il problema dell'affollamento carcerario, che poi è un costo per carcerato, che deve rimanere complessivamente entro i parametri della spesa pubblica, oggi sempre più rigida per non far crescere troppo il debito pubblico.
Quindi se nelle carceri abbiamo non 50mila carcerati, ma 100mila o anche 500mila non è un problema, di luoghi abbandonati ne abbiamo tanti, edifici in disuso, abitati da bande di immigrati irregolari, che possono essere trasformati in carceri, basta che siano loro, con il loro lavoro a ripagare il tutto.
Visto che almeno la metà dei criminali, ma forse si può parlare di due terzi, sono formati da loro, risolveremmo molti problemi,

tra cui quello della rispedizione a casa loro di costoro, i nostri graditi ospiti.

Non vogliono tornare da dove sono venuti?

Non è un problema, possono lavorare in centri di reclusione, per noi.

A quel punto molti clandestini se ne svigneranno, altri eviteranno di arrivare da noi e le strade tornerebbero sicure.

Cosa impedisce tutto questo?

I buonisti sporcaccioni si strapperebbero le vesti, non lo fanno per le ragazzine stuprate mentre vanno a scuola, ma lo fanno solo per gli stupratori.

Le corti di giustizia internazionali ci condannerebbero, ma solo noi saremmo condannati e non la Gran Bretagna, che rinchiude i clandestini su navi prigione, promettendo di mandarli in Ruanda, in campi di concentramento.

Si sa che dietro queste ridicole corti abbiamo Stati potenti, che hanno legami con associazioni dette filantropiche, che riciclano anche denaro sporco e hanno le loro sedi nei Paesi ex coloniali, che ci fanno la morale.

Però Israele, con pregi e con difetti, ha dimostrato che si può mandare all'inferno anche l'ONU e quindi pure noi potremmo alzare la testa, se volessimo.

26.10.2023

Israele, Hamas e la guerra a Gaza, la questione complessa.

Avevo provato a mettere il dito nella questione e ne è sbucato un vespaio, di risposte e di passioni contrarie.

La nascita dello Stato di Israele ha molte contraddizioni, la sua forza è tutta invece occidentale, i diritti umani sono invece schiacciati da tutti e gli odi feroci, da olocausto, sono malamente celati da troppi.

Quindi non parlerò di diritti e di terre occupate, ma di un fatto poco osservato, ovvero della forza di una nazione, culturalmente avanzata, dal punto di vista tecnico occidentale nel cuore dell'islam.

In pratica Israele ha una componente non etnica e razziale, ma culturale che la rende potentissima, parlo della loro capacità a utilizzare e pure creare armi modernissime, mentre dall'altra parte a generare l'organizzazione militare abbiamo i soldi dei vari Emirati, con l'appoggio probabile dell'Est del mondo, Cina e Russia, solo per ostacolare l'Occidente.

Il conflitto è tanto confuso quanto assurdo, perché riassume interessi economici, finanziari e geopolitici, commerciali per il vicino canale di Suez, che si incontrano e si scontrano nella regione.

Però dietro tutto questo abbiamo odi feroci, desideri di genocidio per i nemici, da entrambi i fronti, senza risparmiare donne e bambini.

Sì, la ferocia umana, bestiale, primordiale forse, esplode con tutta la sua demenziale cattiveria.

È questo il punto, che pochi hanno osservato, scendendo con le bandierine in strada, qui abbiamo la natura umana peggiore, da lotte con le clave, ma oggi con le armi atomiche e presto con l'intelligenza Artificiale.

Così sposto la questione a Nord del Mediterraneo, da noi e così si scopre una situazione simile, dove abbiamo milioni di individui fermi al Medioevo islamico, quindi non integrabili, che fanno figli, ma nella quasi totalità saranno violenti ed emarginati, spesso terroristi, tagliagole pronti all'azione.

Chi avrà ragione in futuro?

I ridicoli buonisti parlano di integrazione, ma sanno bene che per avvenire questo i nostri ospiti devono rinunciare alla loro cultura, fatto impossibile per diversi motivi sociali.

Quindi il terrorismo ci riguarderà in futuro e la risposta sarà dura e feroce.

Saremo come Hamas ed Israele, con la voglia di genocidio reciproco?

Probabilmente, anzi, io dico sicuramente, ci saranno cose terribili e basterà che qualcuno si voglia difendere o vendicare per gli atti terroristici futuri, per vedere in funzione l'intelligenza Artificiale.

Sì, mentre i nostri esperti, burocrati fermi allo stile barocco, seicentesco, cercano gli argomenti giuridici per fermare l'IA, altri lo utilizzeranno e il finale sarà tragico se non si faranno politiche intelligenti, dove si entra in Italia solo se si possiede una cultura adatta a viverci.

Invece, con questi funzionari rococò, dubito che si possa fermare questi pericoli.

Il caso del Garante per la Privacy, che ci ha resi ridicoli nel mondo intero, è eclatante, dove tutti coloro che sapevano usare decentemente un computer utilizzavano impunemente Chat GPT, anche con il blocco ufficiale del Garante.

Sì, quello che sta capitando in Palestina, in Israele, potrebbe avvenire da noi, dove i nemici si scontreranno e cercheranno lo sterminio degli altri, gli infedeli contro i fanatici e viceversa.

La questione Israele e Hamas la stiamo portando in casa nostra, non è cattiveria rimandarli a casa loro, ma un atto di giustizia, poi o loro cresceranno culturalmente o moriranno di fame, perché senza razionalità e programmazione non ci sarà futuro su tutta la terra.

27.10.2023

L'Occidente è decadente e si sta uccidendo.

Il discorso pare assurdo, ma in tutti gli imperi, nella fase finale, abbiamo un potere anacronistico, che per i posteri poi risulta ridicolo.
I nobili francesi, che non compresero la loro era, si prepararono alla ghigliottina.
Gli arroganti spagnoli, dell'impero di Carlo V, non capivano nulla di debiti pubblici e videro decadere il loro mondo per non avere più soldi da dare ai banchieri, che poi erano dei veri usurai.
L'arroganza e la tracotanza degli imbecilli è qualcosa di ridicolo e di patetico, quando appare nella classe dominante significa che presto il loro mondo crollerà.
Il mondo cambia e in molti non se ne accorgono, ma io faccio notare qualcosa di terribile che avanza.
La crudeltà umana non ha limiti ed è disgustosa, sadica, feroce, con il piacere della vendetta, fatto sconosciuto tra gli animali, che conoscono solo la difesa o la caccia per cibarsi.
Il caso di Hamas e Israele ci mostra non solo la cattiveria dei contendenti, ma pure di tanti spettatori.
Ci sono bambini che possono essere uccisi, bruciati e altri no, quelli possono essere massacrati, mentre quelli degli amici sono da difendere.

Eppure questa è sempre stata la natura umana prima del messaggio cristiano, che impose a tutti il principio di fratellanza e di amore divino, su tutte le creature.

Anche se nella storia i cristiani si sono spesso comportati in modo mostruoso questo non era e non è nella loro religione.

Anzi sono apertamente condannate dai Vangeli tutte le violenze, tranne quelle per la difesa, diciamo per la difesa della propria terra, con donne, vecchi e bambini.

Quando qualche demente vuole togliere i valori cristiani dal nostro mondo ci prepara l'inferno in terra.

Infatti io mi trattengo da massacrare gli invasori non perché qualche demente umanitario buonista dice le sue ridicole frasi contraddittorie, ma perché quelle che per me sono belve feroci, offendendo le belve vere paragonandole agli animali, sono sempre esseri umani, da contenere, da cui difendersi, ma non da massacrare senza pietà.

Solo questo fatto mi impedisce di disturbare le nuove tecnologie, per organizzare la pulizia etnica dei miei nemici, che stanno invadendo la mia terra, iniziano a violentare, rubano, rapinano, aggrediscono e rendono impossibile la vita ai più deboli, bambini e anziani al primo posto.

So bene che i comlci di Bruxelles vogliono imporre nuove regole per impedire l'utilizzo dell'Intelligenza Artificiale, per renderla innocua, ma so pure che esistono dei trucchetti comodi e facili, per superare i limiti imposti da questi burocrati miserelli.

Quindi, come cristiano, che crede nel messaggio di Cristo, ma anche come seguace della cultura cristiana, anche se fossi non credente in Dio, il mio pensiero cristiano mi trattiene da azioni mostruose.

Benedetto Croce scrisse un breve saggio, "Perché non possiamo dirci Cristiani?", ovvero lo siamo culturalmente, noi occidentali e questo ci mostra il nemico un nostro simile.

La guerra alla cultura cristiana, prima che alla religione, come fede, spalanca le porte dell'inferno tra noi.

Togliamo la festa di Natale per essere inclusivi?

Avremo poi la bestialità umana senza limiti che sbucherà alla luce del sole.

Infatti mi immagino i buonisti idioti e laici, anche atei, che una volta offesi, aggrediti dai graditi ospiti, reagiscano come belve sataniche, assetate di sangue.

Sì, senza il limite del messaggio cristiano l'Occidente non avrà un futuro e si trasformerà in qualcosa di mostruoso.

Io non ho paura dell'intelligenza Artificiale in sé stessa, che impazzisce, ma della ferocia umana, che la possa utilizzare contro i loro tanti nemici.

Volete che l'Occidente diventi un caravanserraglio, con popoli diversi, che si odiano già oggi, anche a distanza?

Fate pure, mentre io non so se vedrò la mattanza, ma l'attendo, sapendo a questo punto, che Stalin e Hitler furono solo dei dilettanti.

28.10.2023

Guerra e pace.

Le guerre hanno sempre un motivo economico, che le sprona.

Nei secoli passati era il saccheggio, ovvero vere bande di briganti organizzati assaltavano imperi e regni per rubare e fare schiavi.

Oggi il fine è diverso, utilizzare le armi per spronare il loro utilizzo, per dare uno sprono all'industria bellica, sempre molto importante per l'economia mondiale.

Poi gli imperi esistono ancora, ma sono economici e finanziari e tendono a controllare i traffici marittimi e terrestri.

Le guerre scoppiano quando abbiamo interessi in contrasto, per esempio per il controllo dello stretto di Suez, Gaza è vicinissimo allo stretto in questione.

I Balcani sono un ponte di collegamento tra Europa e Medio Oriente, lì gli attriti tra serbi e kosovari persistono e promettono altri conflitti.

Tra Russia e Ucraina abbiamo il diritto di controllare i porti della Crimea, secondo la suddivisione regionale passata sotto l 'Ucraina, ma da sempre sotto la Russia.

Quindi, se l' Ucraina si riprendesse quei territori la Russia verrebbe chiusa per i traffici commerciali, che è il suo antico limite storico.

Invece vorrebbe assicurarsi questi territori, allargandosi a Occidente, per trovare sbocchi marittimi per i suoi traffici commerciali.

Sì, le guerre hanno sempre chi le finanzia e vince, ormai è una tragica realtà, chi ha più mezzi finanziari da spendere.

Scusate se non credo alle manifestazioni per la Palestina libera o per Israele, ormai so bene che gli interessi sporchi e i loro giochi celati muovono le armate.

Gli ideali e le bandiere contano poco, le pulizie etniche invece sono la conseguenza di tutto questo.

Cosa si può fare per riportare la pace?

Smetterla di parlare di buoni e di cattivi, i morti sono da entrambi i fronti, ma spingere ad accordi di pace, se si vuole,

pure meschini e da grigi e biechi diplomatici, con faccendieri al seguito.
È sempre preferibile una brutta pace che una trionfante vittoria militare, con centinaia di migliaia di morti, se non con milioni di morti.

29.10.2023

Io ho un dubbio atroce.

Dietro ai fanatici, ai feroci islamisti, ai venduti per 30 denari progressisti chi abbiamo?
Quando sento parlare di migliaia di individui che scendono in

piazza per la libertà di farsi, per esempio, penso alle cosche che festeggiano, immaginando gli affari buoni che li attendono.

Penso ad Erdogan, il padrone della Turchia attuale, che sogna la ricostruzione dell'impero Ottomano, che porta avanti politiche economiche suicide, da far crollare definitivamente il suo Paese, ma nonostante tutto resiste, ovvero i mercati finanziari non gli danno la bastonata finale ed è utile, per i vari padroni del mondo, oggi non solo statunitensi, ma anche cinesi e russi.

Mi pare che il potere spesso sia in pugno a individui da TSO, Trattamento Sanitario Obbligatorio, mentre altri fanno gli affari, guadagnano e ingrassano.

Israele decide di fare la pulizia etnica contro i palestinesi di Gaza, dopo un attacco di gruppi terroristici che volevano fare la stessa cosa con gli israeliani.

Loro possono tutto e nessuno li può fermare, perché dietro hanno il mondo finanziario mondiale e forse, anzi sicuramente, prima o poi la Turchia di Erdogan crollerà, salteranno gli aiuti finanziari, a fondo perduto, da parte dei padroni del gas, dal Qatar, la terra che spende di più per finanziare la sinistra europea, accogliente.

Sì, mi pare una partita a scacchi e tutti gli altri sono delle pedine, mentre chi gioca può mandare allo sbaraglio le sue pedine, sperando poi di fare scacco matto.

Poi abbiamo il silenzio della stampa, di tutta la stampa, per verità palesi, che non trovano risposta.

Se ogni immigrato paga almeno 8mila Euro per farsi traghettare dal Sud al Nord Mediterraneo, come scrive Il Corriere della Sera e se 8mila Euro, spesso anche più, sono un capitale immenso per loro, chiedo ancora a tutti.

Chi paga?

Lo sappiamo bene, ma mi piacerebbe vedere almeno un'inchiesta giornalistica, che domandi a loro chi ha pagato questa somma, poi cercare tutto il percorso dei soldi luridi, anche usando gli strumenti informatici.

Sì, la mafia, le mafie pagano.

Si sa che c'è un mercato degli schiavi, dove queste persone sono merce da sfruttare, per mille lavori di basso livello.

Siamo alle comiche quindi, come ai tempi della corruzione palese, dove tutti sapevano che giravano soldi sporchi, era noto a tutti che quelli avevano accumulato patrimoni immensi in modo illegale, ma la gente scendeva in piazza a difendere la....... democrazia.

Sì, la politica pare sempre quella, ma prima o poi Erdogan il turco finirà male e la fame della sua gente sarà tale che lo spenneranno vivo, come capiterà a tutti i tiranni da palcoscenico, ridicoli e feroci.

Vedremo altre polizie etniche, democratiche e antifasciste, avremo tanti ragazzoni, che dopo la manifestazione per la libertà dei rave party, saranno pieni di roba sino agli occhi, creperanno in incidenti o uccideranno i genitori, o moriranno per overdose.

Per favore, basta bandierine per questo o per quello e smettiamo di farci trattare come pedine da farci mangiare in qualche partita, dove chi vince accumula sempre più soldi, tanti soldi.

30.10.2023

Perché non possiamo sapere cosa sta dietro all'invasione?

In pratica lo sappiamo, ovvero ci sono forze economiche e finanziarie precise che giocano, nel vero senso della parola, in modo sporco.

Tutti parlano di Soros, il noto speculatore finanziario, che ha commesso molti reati finanziari, a livello planetario.

È proposto come un eroe della filantropia dopo aver fatto crollare monete di diversi Paesi emergenti, portando fame e miseria.

In realtà i Soros sono tanti e non si conoscono i nomi dei benefattori, definiamoli così, che stanno alle spalle delle ricche, ricchissime ONG.

Dietro queste fasulle beneficenze abbiamo evasione fiscale legalizzata, tanto diffusa nei Paesi anglosassoni.

Ora, è evidente sotto gli occhi di tutti, che la politica che favorisce l'invasione, con giornalisti e politici a pagamento che ne raccontano tante, con le nostre periferie ridotte in bidonville del Sud del mondo, nascondono politiche criminali.

Ora, mi chiedo, ma nessuno risponde, che senso abbia tutto questo?

I fini potrebbero essere diversi, il primo sta nei giochi speculativi e finanziari, con le crescite dei mercati e i relativi crolli, magari dovuti a questioni sociali.

Altri fini di tali politiche accoglienti li abbiamo in giochi sociali che porteranno a pulizie etniche, fatto certo ormai, per i non integrabili, io dico per tutti i mussulmani, gente incapace di vivere in un mondo razionale e tecnologico, dove non serve l'attesa della volontà di Allah, ma un forte senso critico.

Ora il costo del lavoro, per certi mestieri di bassa specializzazione, è uno dei motivi fondamentali di questa politica migratoria.

Però abbiamo nuove tecnologie che mettono con le spalle al muro questa logica ottocentesca, del crumiraggio, ovvero far arrivare lavoratori di basso livello, stranieri, che non possono integrarsi con le comunità presenti per motivi culturali, in modo da far crollare il costo del lavoro.

Così abbiamo tanti delinquenti, le baby gang sono solo l'inizio, di costoro che vantano il diritto di poter rubare e si vantano di essere marocchini, per esempio, senza che nessuno intervenga contro di loro per espellerli, togliere la cittadinanza, ottenuta giurando il falso e quindi non valida.

Perché si vuole spostare l'attenzione verso il crimine?

La magistratura indipendente, così si definisce, premia i colpevoli e punisce chi si difende, fa parte di questo gioco sporco.

Sì, sicuramente ci stanno preparando un futuro duro, difficile, perché non mi immagino che chi detiene il potere finanziario e tecnologico, lascerà che tutto crolli, trasformando le nostre città in discariche abusive di tutte le immondizie.

Poi arriverà chi sistemerà tutto, con durezza, a quel punto non avremo alternative, o bere o affogare.

Io insisto da tempo, chi favorisce tutto questo è un demente, con ritardo mentale grave e quindi non dovrebbe votare, oppure è un meschino che per un posto comodo, 50 euro di aumento con qualche titolo fasullo, da mostrare agli amici, continua a favorire l'invasione.

Io non credo che vincerà l'islam, anzi, sono certo che subirà una reazione uguale e contraria, feroce.

La gente chiede alla politica sicurezza e i delinquenti spingono verso sempre più dure soluzioni, anche disumane.

Non credo che chi potrà utilizzare l'IA si lascerà sgozzare impunemente, chi avrà a disposizione dei robot, che potranno diventare killer, si lascerà uccidere, rapinare senza difendersi, senza schiacciare il tasto giusto.

Non saranno le bande criminali, multietniche a vincere, non saranno i manifestanti idioti, con le bandierine, che decideranno del destino dei popoli, in conseguenza non so se dietro a questa invasione abbiamo criminali in affari, oppure tutto funziona nel caos assurdo di questi tempi.

Il finale me lo immagino e senza sfere di cristallo, senza doti chiaroveggenti lo profetizzo.

A dominare il mondo saranno i tecnocrati, freddi e disumani, che scaricheranno i perdenti nelle discariche periferiche, dove malattie spontanee o provocate faranno stragi.

Sì, rimandiamoli a casa ed esportiamo cultura occidentale, che non sarà inclusiva, ma assicura il loro e il nostro futuro.

31.10.2023

CURRICULUM

Rossi Arduino scrive e pubblica racconti, saggi da diversi anni, i suoi racconti sono stati diffusi e stampati su carta, in piccole edizioni, su riviste culturali in passato.
Ha stampato poesie, racconti e un romanzo breve con diverse case editrici, con cui collaborava esternamente: IL SALICE di Potenza, Montedit di Melegnano -MI, etc.
Scrisse e pubblicò articoli di saggistica, in particolare sul quotidiano BERGAMO-OGGI, la pagina della cultura.
Deve solo concludere la tesi per ottenere la laurea in

lettere, indirizzo storico, a Milano, mai conclusa per il febbrile impegno culturale. Ha scritto moltissimi racconti, spesso di genere horror, che ha visto pubblicati in passato in due raccolte intitolate: "LA ROSA DI GENNAIO", "STORIE D'ALTRI TEMPI RACCONTATE ATTORNO AL CAMINO".
Un romanzo breve gli fu stampato, intitolato: "AVVENNE IN IRLANDA".
Molti altri racconti, brevi saggi e recensioni furono diffusi su riviste culturali.
Suoi racconti sono stati diffusi su internet, nei siti OCCHIROSSI, ZERODELTA, ANNOTAZIONI.
HA SIGLATO UN CONTRATTO CON LA CASA EDITRICE SENECA per la pubblicazione di un romanzo poliziesco LA VILLA DEI CIPRESSI, nella collana AMARANTOS: L'editrice Fabula ha presentato tre sue lavori, due raccolte di racconti e un romanzo breve, nel suo laboratorio, disponibile su Internet: fabula edizioni.
E' stata pubblicata una raccolta di racconti intitolata GLI STATALI - con la casa editrice Morpheo Edizioni.
Collabora con i Giornali online REPORTONLINE e scrive su una rubrica di AGENFAX, intitolata L'Opinione....di Arduino Rossi, collabora con il giornale online della F.D.C. Il suo sito personale è http://www.arduinorossi.bloger.com
Dipinge e ha ottenuto diversi premi di pittura a Milano.
Sue lettere, anche sotto forma di articolo, sono state diffuse su L'Eco di Bergamo, ILBERGAMO, BERGAMO-SETTE La Provincia di Cremona, L'Arena di Verona, Il Giornale di Vicenza, VITA TRENTINA, IL QUOTIDIANO DI CALABRIA, SECOLO XIX , REPUBBLICA(compreso il venerdì), SETTEGIORNI, Il GIORNALE, IL TEMPO, REPORTER, CORRIERE DELLA SERA, AVVENIRE, LA PROVINCIA DI SONDRIO, LA PROVINCIA DI LECCO, LA PROVINCIA DI COMO, IL MATTINO, LA STAMPA E MOLTI ALTRI.

CURRICULUM ARTISTICO di ARDUINO ROSSI

2022
Mostra mercato a Boston Presso Italian Contemporary Art Gallery, oltre che a Lugano e a Londra, per il 2022.
Partecipa al tour Biennale d'Europa, organizzata da Pitturiamo.it, con esposizione a Barcellona, Londra, Parigi, Venezia, nel 2022.
Premio Berlino 2022 dal 4 al 10 aprile 2022, con il giudizio di Angelo Crespi: "Per l'abilità di trasmettere emozioni con forza sentimenti e pulsioni profondi e di coinvolgere emotivamente il fuitore attraverso un costrutto estetico in cui l'energia del gesto determina la foma."
Partecipa con un quadro alla Pro Biennale di Venezia 2022, mostra dal 13 al 17 maggio presso il chiostro della Chiesa di San Francesco della Vigna a Venezia.
Presentazione della mostra su Canale Italia TV: https://m.facebook.com/story.php?story_fbid=8095063904383 66&id=100041370379717

Prolungamento Mostra all'Hotel Ristorante Vesuna; ·
Esposizione di n. 3 opere alla mostra Amore nell'Arte presso la storica Milano Art Gallery - dal 14 febbraio al 5 marzo 2022 - col contributo del grande Prof. F. Alberoni -

E' stato selezionato per il **Premio Internazionale d'Arte Contemporanea** organizzato da PitturiAmo e si terrà dal 16 al 30 giugno 2022, a Milano nel celebre **quartiere Brera** e sarà dedicato ad **Albert Einstein,** in occasione dei **100 anni** dalla consegna del **Premio Nobel** al celebre fisico.

2021

Stima e battuta d'Asta Gigarte – Piazza D'Azzeglio, 22 55049 Viareggio. Martedì 23 febbraio 2021 ore 17 Arduino Rossi, Evoluzione , 2020 , stima 1.000/1.500 Euro. Base d'asta 600,00 Euro.

Selezionato per la pro Biennale di Venezia 2021; Premio Canaletto 2021; mostra a Bassano del Grappa, presso la sede di Spoleto Arte, pro Biennale di Venezia 2021,con giudizio critico di Salvo Nugnes, con giudizio critico firmato da Salvo Nugnes.

Partecipazione alla mostra "Spoleto Arte", dal 16 al 22 Luglio a Palazzo Frau, nel cuore di Spoleto – 2021.

Link che riportano a video di telegiornali e di informazione:
https://www.tgcom24.mediaset.it/2021/video/spoleto-arte-mostra-internazionale-con-sgarbi-e-tanti-ospiti-illustri_35842463-02k.shtml

https://youtu.be/kiSJlmomqLI

https://youtu.be/YlI-Op-yPHF4

https://youtu.be/w8Q2a1pwGj0

https://youtu.be/wrSMEy1nm7w

esporre all'evento **"Artista Leader Regione"**.

Esposizione di 4 tele in acrilico presso la Galleria Area Contesa Arte - sede: Via Margutta, 90 - 00187 – Roma, dal 02 al 07 Luglio 2021.

Premio Canaletto, siglato da Salvo Nugnes,(Curatore d'Arte), Roberto Villa(Fotografo Internazionale), Giuseppe La Bruna,

(Direttore Accademia di Venezia), Flavia Sagnelli (Curatore d'Arte).

Premio Modigliani 2021, con coferimento premio Modigliani conferito a Arduino Rossi, ECCELLENZA ARTISTICA.

Mostra ad Albano, presso la tenuta del cantante Albano.

MOSTRA FISICA " L'ARTE IN QUARANTENA " ALLA STORICA MILANO ART GALLERY dal 26 marzo al 10 aprile 2021 trova in via G. Alessi 11, Milano. curata dal direttore della galleria Salvo Nugnes, già manager di personalità dell'arte e della cultura come Vittorio Sgarbi, Francesco Alberoni, Katia Ricciarelli, Margherita Hack e altri ancora.

Links che portano a servizi televisivi, telegiornali e nazionali:

https://www.facebook.com/tgcom24/videos/la-rubrica-di-tgcom24-arte-in-quarantena-cresce-sempre-di-pi%C3%B9-abbiamo-iniziato-p/636312450574709/

https://www.tgcom24.mediaset.it/2021/video/l-arte-in-quarantena_34449832-02k.shtml

Itervista a Radio Regione Lombardia, Luglio 2021

Intervista a OnAir, messa in onda almeno 3 volte nel 2021.

Partecipazione alla biennale di Milano, con giudizio critico di Salvo Nugnes.

Elenco link che portano a video di telegiornali e atrasmissioni televisive che parlano della Biennale di Milano 2021, dal 21 al 25 Ottobre 2021, presso Palazzo Stampa di Soncino, Via Torino 61, **Milano, con la partecipazione di artisti di 44 Paesi** :

https://m.facebook.com/story.php?story_fbid=6919955621894 50&id=100041370379717

https://m.facebook.com/story.php?story_fbid=6913051455918 25&id=100041370379717

https://m.facebook.com/story.php?story_fbid=6817277065495 69&id=100041370379717

https://m.facebook.com/story.php?story_fbid=6791572101399

52&id=100041370379717
https://m.facebook.com/story.php?story_fbid=6181049695785
10&id=100041370379717
https://m.facebook.com/story.php?story_fbid=6359221811301
22&id=100041370379717
Comunicatostampa con indicato Arduino Rossi per la Biennale di Milano 2021: http://www.comunicati-stampa.net/com/salvo-nugnes-presenta-alla-prestigiosa-biennale-milano-le-opere-di-talentuosi-artisti-come-maquignaz-reci-e-rossi.html#:~:text=Reci%20e%20Arduino-,Rossi,-.%20Saranno%20presenti%20ospiti

Partecipazione al premio Artisti Premio Artista d'Italia – Condivisione di un'opera d'arte su tutto il territorio nazional, elenco di tutte le location: BARLETTA - Galleria ZeroUno BOLOGNA - Fluart - Centro di Arte Urbana FERRARA - Galleria d'Arte "Il Rivellino" FIRENZE - Roccart Gallery MILANO - Art Luxury Gallery MONZA - mimumo - Micro Museo Monza NAPOLI - mCd - Gallery PALERMO - Galleria Effetto Arte PADOVA - Queen Art Studio Gallery PARMA - Galleria Italia PERUGIA - Home Gallery - Spazio 121 ROMA - Art Studio Gallery di Carlo d'Orta10/4/2021 Gmail - Ecco tutte le location aderenti al Premio Artista d'Italia VENEZIA - Venice Art Gallery.

Per evento "Artista Leader Regione", Esposizione presso PitturiAmo Gallery - sede:
Viale Conte Testasecca, 12 93100 Caltanissetta CL - dal 26 Novembre al 9 Dicembre 2021.

SIMPOSIO D'ARTE PER IL CENTENARIO DELLA NASCITA DELLA GRANDE M a r g h e r i t a H a c k presso la Milano Art Gallery, via G. Alessi n. 11 a Milano 18 dicembre all'8 gennaio, con attestato di merito Margherita Hack, con premio Margherita Hack.
Servizio SPECIALE TV nazionale sulla mostra.

Mostra presso l'Hotel Ristorante Vesuna di Marco Columbro a Trequanda, Montepulciano (SI), dal 14 al 27 gennaio 2022, con inaugurazione il 14 gennaio alle ore 18,00.

Partecipazione dell'evento Maestri a Milano con pubblicazione dell'opera ammassa nella rivista Art Now Dicembre 2021, con video esposizione delle opere ammesse al teatro Manzoni di Milano che si Svolgerà il 10 e 11 Gennaio 2022, con pubblicazione dell'opera ammessa nel sito ufficiale dell'evento.

2020

Partecipa con una tela, intitolata Luce in fuga, alla Pro Biennale 2020, a Venezia dal 23 luglio al 7 agosto 2020, presentata da Vittorio Sgarbi.
Critica di Flavia Sagnelli - Curatrice di Mostre - in occasione della Pro Biennale estate 2020 a Venezia presentata da Vittorio Sgarbi, menzione speciale con firma anche di Vittorio Sgarbi.
Con pubblicazione con la case editrice Giorgio Mondadori della sua opera e con il giudizio critico, dentro il volume che riporta questa Probiennale.

Partecipa anche alla pubblicazione di una sua scheda nel volume della Casa editrice Giorgio Mondadori, intitolato Arte in Quarentena, 2020.

NEW YORK 2020,E' stato selezionato alla mostra dal 24 al 27 giugno 2020, posticipata dal 21 al 24 ottobre 2020, per il Corona-virus, a New York per il Premio PitturiAmo a New York, presso La galleria White Space Chelsea (555 W 25th St, New York, NY) situata a Manhattan, nel cuore di NEW YORK

con L'immagine dell'opera dell'artista con la quotazione video esposta in galleria, godendo di assistenza di vendita.
A tutti gli artisti ammessi al Premio PitturiAmo a New York sarà dedicata un'intera pagina a colori nella rivista ART NOW.

1. Mostra mercato a Boston Presso Italian Contemporary Art Gallery 80 Dartmouth St, Boston, MA 02116, Stati Uniti - 2020 italian resilience.

Aprile 2020 attestato con pubblicazione un'intera pagina a colori nella rivista ART NOW, con l'Attestato e la targa ARTISTA DI AVANGUARDIA con la supervisione del critico d'arte Vittorio Sgarbi, per la notevole qualità stilistica.

TGCOM24 MEDIASET E' PRESENTE NEL VIDEO DEGLI ARTISTI DI SPOLETO ARTE del 16 giugni 2020, COME RISULTA DAL LINK SOTTO:
https://www.tgcom24.mediaset.it/2020/video/gli-artisti-di-spoleto-arte_19508751.shtml
Emirati Arabi: Doppia Esposizione di N. 1 opera in Mostra Digitale a Umm Al Quwainn e a Dubai, negli Emirati Arabi, con attestato di selezione.
MOSTRA SPOLETOARTE con Vittorio Sgarbi presso Palazzo Storico in centro a Spoleto, dal 18 settembre al 2 ottobre 2020 con ART FACTORY SPOLET O, con dichiarazione critica firmata Salvo Nugnes.
Attestato di ammisione al premio Raffaello di Roma, 2020.

Partecipare al "1° Premio Internazionale Città di Budapest" 2020.
Partecipazione al **Premio Internazionale "Paris ArtExpo"**

Videoesposizione degli artisti selezionati a Parigi. Dall'1 al 6 Maggio 2021 presso l'esclusiva Galleria Thuiller. Prenio Paris ArtExpo "per essersi distinto attraverso una spiccata personalità artistica."

Video-esposizione di un'opera per 15 giorni presso la storica Milano Art Gallery, in via Alessi 11 a Milano.
Premio Belle Arti conferito all'artista Arduino Rossi dell'Accademia delle Belle Arti di Roma, "Per le sue eccellenti doti artistiche e l'originalità dei suoi lavori che pongono le sue opere ai vertici del panorama artistico internazionale."
Giuseppe La Bruna - Direttore Accademia Belle Arti di Roma

Valutazioni critiche e mostre:

Fu valutato dal critico d'arte Giuseppe Martucci, noto a Milano e da Rocco Basciano di Milano.
Ha presenziato in almeno 30 mostre di beneficenza in tutta Italia;
I suoi quadri sono stati esposti presso: La Galleria del Centro di Catania – 2001; La Galleria Modigliani di Milano, dal 23/2/2002 al 7/3/2002; personale nella sala comunale di Piazza Mercato delle scarpe – Città Alta – Bergamo, dal 29/3/2003 al 6/4/2003;
Studio d'arte Basciano BAROCCO, di Milano, Novembre 2003; Fiera dell'arte di Padova dal 13/11/2003 al 17/11/2003;
3° Trofeo Ba-Rocco – dal 16 al 29 Maggio 2004 – Milano;
Mostra Festa della Dogana – San Matteo in Via Carucci, 71 – Roma – dal 16 al 21 Settembre 2004;
Mostra dal 24 al 28 Maggio 2004 presso SE.C.I.T. Associazione Doganale Italiana – Via Carucci, 131 ROMA;
Partecipazione alla manifestazione - AUTUNNO D'ARTISTA – Ottobre 2004 di ARTECULTURA di Milano;
Con esposizione di due dipinti nella Galleria di

ARTECULTURA a Milano, con le relative riproduzioni fotografiche dell'opera sulla Rivista omonima, con il giudizio critico;
inviò una cartolina dipinta al Museo degli Emirati Arabi Uniti, a Sharjah, su invito del relativo museo;
mostra di un quadro presso 4° Trofeo Ba-Rocco dal 16 al 29 maggio 2005 - MILANO;

Esposizione di 5 quadri presso AZIENDA DI PROMOZIONE TURISTICA MILANESE in P.zza Marconi, 1 - angolo P.zza Duomo - MILANO, dal 1 al 31 marzo 2005;
premio di pittura città di ALASSIO anno 2005 - B&T 36 Gallery di Milano - Biondi Tesio in the word Roma;
mostra di due quadri a Roma - in Piazza del Popolo, angolo Via del Babuino, 198- presso la BASILICA di S. Maria in Montesanto - chiesa degli artisti, sempre con la galleria - B&T 36 - Gallery ;
mostra dal 10 al 20 gennaio 2006 presso la galleria B&T 36 Galery di Milano;

TARGA BIONDI-TESIO PER LA PITTURA - 31 EDIZIONE 2005 – premiato presso HOTEL GALLIA - PIAZZA DUCA D'AOSTA - MILANO;
partecipazione alla collettiva del piccolo quadro a Milano, presso l'associazione Culturale Arte-Ba-rocco dal 10 al 22 Dicembre 2005;
mostra di due quadri presso LA GALLERIA SAN VIDAL U.C.A.I.- festa di fine anno - Scoletta San Zaccaria, campo San Zaccaria - VENEZIA;
alcune tele erano in deposito presso la galleria B&T Gallery

Perizia da parte del Perito Estimatore Arte Contemporanea, Giuseppe Martucci – Albo Consulenti Tecnici n. 6422 - Tribunale di Milano 30.12.2005 – QUOTAZIONI:

Arduino Rossi, asta con stima Evoluzione, 2020 _ GIGARTE _ ArsValue.com

2018

Ha partecipato con due opere astratte alla MOSTRA DI ARTE CONTEMPORANEA dal 17 febbraio – 14 marzo 2018, intitolata "LA GENESI DEL COLORE", PRESSO LA GALLERIA SAN VIDAL Scoletta San Zaccaria, campo San Zaccaria – Venezia, con cenno critico sul Corriere del Veneto (inserto del Corriere della sera).

Un quadro sarà presente per un anno, dal marzo 2018, nella galleria d'Arte Albatros di Parma, in strada XXII Luglio 18/A – 43123 PARMA.

La galleria è nata sotto l'insegna di Vittorio Sgarbi quale relatore ufficiale della galleria stessa.

2. 2019

Mostra collettiva dal 04 luglio 2019 al 19 luglio 2019 LE GRANDI MOSTRE DEL PALAZZO ZENOBIO all'interno della 57° edizione della Biennale di Venezia 2019 presentata e curata dal Prof. Storico e critico d'arte Giorgio Gregorio Grasso.

Mostra a Palermo alla Villa Filippina – 2019

Partecipazione a Parma al concorso premio il Parmigianino, con esposizione dal 19 al 29 Novembre 2019.

3. Attualmente le sue opere sono presenti in spazi online come Pitturiamo, Venderequadri.it, Artmajeur e nel drive di Google, dove ha reso pubblici i documenti scansionati, comprovanti mostre, valutazioni e perizie, giudizi critici:

4. MOSTRE virtuali di opere di Arduino Rossi
http://www.pitturiamo.com/it/pittore-contemporaneo/arduino-rossi-6826/quadri-collezione- privata.html

http://www.artmajeur.com/it/member/arduino-rossi

http://www.venderequadri.it/?post_type=catalogo&s=arduino

1. BIOGRAFIA

Arduino Rossi è nato a Bergamo nel giugno del 1956., dove è sempre vissuto Ha avuto un'esistenza giovanile un po' burrascosa e contraddittoria, frequentando gruppi di diversa estrazione sociale, politica, religiosa.
Finito il breve periodo della caotica giovinezza si è chiuso nei suoi interessi "disordinato" per le arti, per la poesia, per la letteratura, per la pittura.

Da sempre interessato ai lavori dei pittori più importanti di tutte le epoche, Rossi Arduino trova nella pittura una sua realizzazione personale: si ispirò sin dall'infanzia allo zio maestro di pittura, Severino Belotti, in arte SEVERINO BELLOTTI, insegnante della Brera di Milano, uscito dalla scuola del pittore Loverini di Bergamo, presso l'ACCADEMIA CARRARA DI BERGAMO.
Lo zio pittore influenzò, ispirò e consigliò il nipote.
Successivamente ARDUINO conobbe diversi pittori che si aggiravano presso l'Accademia Carrara di Bergamo.
Diversi amici pittori l'hanno guidato, indirizzato e ARDUINO, pur non avendo mai frequentato una vera scuola di pittura, ha sempre assistito, partecipato, collaborato, respirato l'arte e la tecnica pittorica.
Iniziò con la tecnica a carboncino, poi passò ai paesaggi in

acquerello, ora il suo stile si è evoluto verso la dissociazione geometrica e quasi astratta delle immagini, con gli acrilici, ma un suo impressionismo trova strada in paesaggi naturali.

www.ingramcontent.com/pod-product-compliance
Lightning Source LLC
Chambersburg PA
CBHW060951260726
48661CB00005B/1839